英语教学设计与管理研究

李香琴　刘　莉　陆　佳　著

H.P.H 哈尔滨出版社
HARBIN PUBLISHING HOUSE

图书在版编目（CIP）数据

英语教学设计与管理研究 / 李香琴，刘莉，陆佳著
. — 哈尔滨：哈尔滨出版社，2024.5
ISBN 978-7-5484-7924-6

Ⅰ. ①英… Ⅱ. ①李… ②刘… ③陆… Ⅲ. ①英语—教学设计—研究 Ⅳ. ① H319.3

中国国家版本馆 CIP 数据核字 (2024) 第 104452 号

书　　名：英语教学设计与管理研究
YINGYU JIAOXUE SHEJI YU GUANLI YANJIU

作　　者：李香琴　刘　莉　陆　佳　著
责任编辑：杨浥新
封面设计：刘梦杳

出版发行：哈尔滨出版社（Harbin Publishing House）
社　　址：哈尔滨市香坊区泰山路82-9号　　邮编：150090
经　　销：全国新华书店
印　　刷：廊坊市海涛印刷有限公司
网　　址：www.hrbcbs.com
E-mail：hrbcbs@yeah.net
编辑版权热线：(0451)87900271　87900272

开　　本：787mm × 1092mm　1/16　　印张：8　　字数：135千字
版　　次：2024年5月第1版
印　　次：2024年5月第1次印刷
书　　号：ISBN 978-7-5484-7924-6
定　　价：58.00元

前言

教育是人类有目的的社会实践，唯有经过合理设计的教学活动，方能高效地实现教学目标。教学设计是提升教学成效的关键，也是达到教学目标、实现有效教学的保障。随着时代的进步，我国英语教育步入核心素养时代，全面提升英语教育的有效性成为当务之急。

教学是教师通过对学生的引导来培养学生自主学习能力的过程。教学由两部分组成，一部分是教师的教，另一部分是学生的学。二者相互作用，相互影响，相辅相成，缺一不可。就学生的学而言，学生能够在教师的引导和启发下接触并掌握丰富的文化知识和操作技能，进而为自身核心素养的形成与发展奠定基础。教师对学生的教则需遵循特定的规律，需提前确定教学目的，合理设计教学内容，选择适合学生的教学方法。由此可见，教师的教是一项系统且复杂的实践活动。站在教师的角度来说，所有的教学工作都需要围绕教学设计为中心来进行。在开展课堂教学活动之前，教师应该根据学生的学情来确定教学目标和学习目标，然后制定可行的教学策略，选择配套的教学媒体和工具；随着课堂教学工作的结束，教师应该对学生的学习进度和学习成效进行检验，在此基础上对既定的教学策略和课程内容做出调整和优化；在达成教学目标以后，教师应该从整体上评价教学目标的达成效果，通过反思和分析找出教学实践中存在的问题，剖析问题的根本原因，提出有效的改善措施和优化方案。以上提及的各项活动，都属于教学设计的关键内容。

就当下的教学而言，课堂管理是不容忽视的教学重心。课堂管理对最终呈现出来的教学效果有着至关重要的影响，是教师开展教学活动必须考虑的关键因素之一。作为教师，应在整体上把握课堂管理各影响因素相互之间存在的逻辑关系，做到胸中有沟壑，腹里有乾坤。课堂管理与教学设计的相互融合，能够帮助教师有效增强实际的教学效果，促使学生在课堂教学实践中有所收获，是提高英语教学水平的有效方法和手段之一。

本书围绕“英语教学设计与管理”这一主题，由浅入深地阐述了教学设计的内涵与理论基础、英语教学设计的内涵与特性，系统地论述了英语教学策略、教学过程、教学媒体以及教学评价的设计，深入探究了英语分层教学的管理以及基于网络环境的英语教学管理，以期为读者理解与践行英语教学设计与管理提供有价值的参考和借鉴。本书内容翔实、条理清晰、逻辑合理，在写作的过程中注重理论与实践相结合，不仅适用于工作在一线的英语教师，也适用于英语教育研究人员。

作者在写作时，对前辈们历经千辛万苦取得的研究成果进行了参考和借鉴，获益良多，在此向各位前辈们致以真挚的谢意和崇高的敬意。本书的研究与讨论牵涉的课题比较复杂，涵盖的内容较为宽泛。虽然作者不遗余力地投入创作中，但在某些地方还是存在一定的缺陷和不足，希望各位专家和读者不吝赐教、多多指正。

目录

第一章　英语教学设计

第一节　教学设计的内涵与理论基础

一、教学设计的内涵

教学活动往往有着较强的目的性和计划性，需要提前设计教学方案和教学策略，只有这样才能确保教学目标的有效达成。在这个过程中，不可避免地会涉及一个新的概念，即教学设计（instructional design）。

涉及教学的研究由来已久，并在长期的研究与实践中积累了丰富的成果，但面向教学设计理论的研究在时间上相对滞后，至今仅仅50多年。虽然教学设计的研究并未经历更长的时间，但仍旧在研究实践中丰富了教学设计的内容和内涵。这里从以下三个方面进行论述：

（一）教学设计是一项技术

站在教师的角度来说，教学设计对其专业能力和综合素养提出了一定的要求。教学设计有助于增强教学实践活动的有效性和操作性。

美国学者梅瑞尔（David Merrill）在研究中多次强调：教学是一门普适性较强的科学，而教学设计则应表述为一种技术。在这一观点的基础上进行延伸可以得出新的结论，即教学是一种具有显著科学性特征的技术（science-basedtechnology）。我们之所以要组织开展一系列的教学活动，其根本目的在于传授给学生丰富的文化理论知识和操作技能；而教学设计则可以为学生的学习实践创造环境，提供平台。

教学设计的根本目的在于增强教学实践的可行性和有效性。教学设计技术的实施与应用，需要教师根据自身的教学经验和学生的学习情况来设计合理的教学活动。

教学设计是一种面向教育教学的技术，对教师的教学经验、教学规律和教学方法等有着一定的要求。只有教师充分了解教学规律，积累了丰富的教学经验，采取了科学的教学方法，才能发挥教学设计在教育教学中的重要作用。

教学设计的实施与应用需要用到一些特殊的技术工具，如果教师不能熟练使用这些技术工具，那么就很难实现教学设计的功能和作用。

（二）教学设计是一个过程

教学既是一种特殊的活动，也是一个系统的过程。教学设计能够为后续教学实践活动的开展提供支持，包含着一系列的组织活动。

教学设计要求教师基于系统的方法对教学实践中存在的问题进行综合剖析，了解问题的根本原因，进而提出有针对性的解决方案，并对教学结果作出评价，最后在此基础上调整既定的教学计划和教学策略。加涅（Robert M.Gagne）在研究中明确指出："教学有助于学习目标的达成，能够对学习者的学习成效造成直观的影响，这是一个系统且复杂的过程。"1994 年，肯普在其发表的著作中表示："关于教学系统设计的定义，可简要概括为，基于系统的方法对教学实践中存在的问题进行剖析，然后提出针对性的解决方案和处理措施，并对教学成果作出评价的过程。"在史密斯和雷根看来："教学设计的定义应该解释为，基于一些系统的方法和手段，依托相关的教学理论和教学思想对当前掌握的教学资源、教学内容以及教学评价等进行系统化处理的过程。"

国内的学者长期以来致力于对教学设计的研究与探索，他们普遍认为，教学设计的本质是一个系统且复杂的过程。乌美娜在研究中表示："教学系统设计的内容应阐述为，由教育工作者基于系统的方法对教学实践中出现的问题进行分析，提出明确的教学目标，制订科学有效的教学策略和教学计划，并对教学成效作出评价的过程。"何克抗认为："教学设计的定义应表述为，由教师依据系统的教学方法和教学手段，通过教学理论和教学思想的转化来确定教学目标、设计教学内容、选择教学方法、制定教学策略以及评价教学成效的过程。"皮连生在研究中明确强调："教学设计的实施与应用要求教育工作者基于现代学习与教学理论对教学实践中存在的问题进行查找、分析和解决，对教学结果作出评价，并调整教学策略和教学方案。由此可见，教学设计强调的并不是深入探究教学的发展规律，而是基于当前掌握的教学规律和教学方法来处理教学实践中遇到的各种问题。”

教学设计是一个系统且复杂的过程，作为教育工作者必须了解教学设计的过程性特征。总而言之，教学设计并非独立的理论体系，需要在教学实践中不断调整。

（三）教学设计是一种理念

“教学设计”，英译为“instructional design”。加涅认为：“之所以用 instruction 来解释教学而非 teaching，原因在于前者能够准确反映涉及学习的所有事件，而后者则强调的是针对教师个人的教学行为。”由此可见，教学设计不能被认为是传统教学理论在这一领域的延伸，而是基于学习理论孕育的新概念。

教学设计在某种意义上可以理解为一种新的教学理念，突出了教学和学习这两个方面对教育的重要作用。不管采取怎样的教学设计模式，都应该突出学生在教学设计中的主体地位。也就是说，教学设计的定义可概述为一种基于学生为中心的对后续教学活动开展所作出的预设和准备。

综上所述，教学设计有着复杂的形态和内容。站在教师的角度来讲，教学设计的定义可阐述为一种围绕现代学习理论为中心的教学技术，是教师根据学生学习情况来确定教学目标、设计教学过程、制定教学策略、选择教学技术以及评价教学成效的系统过程。

这就说明，教学设计是一种特殊的教学理念，是一种适用于现代教育的教学技术，是一套与教育教学活动相适应的工具，也是一个复杂且多元的系统性过程。此外，教学设计与传统的教学准备有着本质的区别。传统的备课过程仅仅涉及教师自身，不存在任何教学工具的选择和使用。教学设计是一种强调运用自身工具系统的教学技术和教学手段，需要在教学实践中不断完善，它与以学生为中心的现代教学理念不谋而合。

二、教学设计的理论基础

教学设计的实施与应用离不开理论基础的支撑。这里从三个方面分别论述：首先，方法论是教学设计的理论基础，能够将教学设计上升到哲学的高度层次，而非单一的教学层次；其次，教与学的理论是教学设计的理论基础，能够加深我们对教学设计的内涵的研究与分析；最后，教学设计有着一定的技术基础，涵盖传播理论和设计理论等内容。

（一）方法理论：系统理论

系统的思想由来已久，在人类古代时期就已经出现。进入20世纪以后，系统论应运而生，可以对系统的思想进行准确且充分的表达。

1. 系统论的核心思想是系统的整体性

系统论指出，整体在任何情况下都大于各个部分之和。系统并非不同部分的单一组合或排列，而是各要素相互作用和相互影响后的综合形态。

系统论强调，我们应该从整体视角出发对各要素的内在联系进行分析，了解系统各组成部分的功能和作用，探索系统、环境以及要素这三者的规律性，然后在此基础上做出调整，进而高效达成系统目标。这就是说，教学应被视为一个整体的系统，涵盖着教师、教学环境以及学生等要素。教学是各要素相互组合和排列后构成的复杂系统。

2. 系统论强调系统的整体性

教学是一个复杂且完整的系统，因此提出的教育目标也必须是一个完整的整体，同时包含所有的教学环节。这些教学环节既相互独立又相互关联，共同参与教学这一整体目标的达成。

3. 系统内部具有一定的时序

教学对知识的内在逻辑规律和排列顺序提出了一定的要求。学习活动的开展必须按照既定的时间顺序来进行，否则会影响最终呈现出来的教学成效。

4. 系统论认为系统不可缺少相应的反馈系统

教学评价能够帮助教师了解学生的学习情况，并及时反馈给教学系统。教学反馈对于整个教学过程有着至关重要的作用，是教师优化教学策略和调整教学设计的主要依据。

5. 系统论认为系统不断走向平衡，而平衡又不断被打破，走向不平衡

教学是一个复杂的动态平衡过程，是平衡与不平衡状态相互交替的集中体现。

由于教学是一个完整且复杂的系统，因此教学设计需基于教学系统的特点和规律来进行，也就是说，系统理论通常被当成教学设计实施与应用的指导理论。

（二）教与学的理论：学习理论与教学理论

基于过程的视角出发来进行分析可以发现：学习是一种通过对学生的引导来促使其获得能力的过程；基于结果这一视角出发来讲，学习可理解为学生某种行为能力的形成、发展与提升。

1. 学习理论

学习理论是一种涉及心理学学科的理论，在人类学习研究方面发挥了重要的作用。心理学家们基于多个视角和维度提出了多种著名的学习理论，比如基于建构主义的学习理论、基于认知主义的学习理论以及基于行为主义的学习理论等等。

(1) 按照行为主义学习理论的观点，学习是一个关于个体刺激和反应的动态过程。也就是说，教学的目的在于刺激学习者使其获得一定的能力。

(2) 根据认知主义学习理论的说法，学习是一项系统且复杂的信息采集、梳理、归纳、总结以及分析的过程，而教学则强调通过对学习者信息加工的干预和影响来高效达成预设目标。

(3) 基于建构主义的学习理论指出，学习者可以通过与环境的交流和互动来掌握丰富的知识和技能。也就是说，教学必须围绕学生为中心主体，在此基础上为学习者搭建良好的学习环境，突出学生在教学和学习中的主体地位。

2. 教学理论

现代教学理论指出，教学能够加快学习目标的达成。就目前而言，极具代表性的教学思想包括基于结构主义的教学思想和基于程序的教学思想等。

(1) 就程序教学（programmed instruction）思想而言，它被认为是一种基于行为主义理论的教学思想，由美国学者斯金纳在研究中首次提出并广泛传播。该教学思想指出，教学是一种根据学生特征来设计教学内容和教学过程的活动。

随着程序教学思想的传播和应用，其对教学设计产生了深刻的影响。

究其原因，主要是因为程序教学思想强调通过设计统一的教学机器来促使学生高效率达成学习目标。

（2）针对结构主义教学思想而言，可将其描述为一种基于结构主义的教学思想，由美国学者布鲁纳首次提出。在他看来，任何一门学科都涵盖了不同的概念、规律和原则。他认为，教学活动的组织和开展需秉承一定的原则，只有这样才能激发学生的学习动力，才能选择适合学生的教学方法，才能让学生掌握丰富的知识和技能。无论是学习理论还是教学理论都在一定程度上影响着其他思想，进而在教学设计中得到充分的体现。需要明确的一点是，教学设计是面向教学的设计，必然会对教学活动的安排和实施带来直接的影响。

（三）技术理论：传播理论与设计理论

1. 传播理论

传播理论可以描述为一种涉及信息传播的学科理论。该理论指出，人类的交往在本质上都应纳入传播活动的范畴，教学也不例外。也就是说，传播理论是研究教学问题的基础理论，可以此作为教学设计的理论依据。由此可见，教学活动的组织与开展同样包含着信息的传播，二者之间关系密切。

2. 设计理论

教学设计在某种意义上也可以概述为一种特殊的设计活动。关于设计的基本特征，可从以下三个方面来分别论述：

（1）预设性

设计有着显著的计划性，是目前尚未执行的计划。

（2）后理性

设计有着一定的后理性特征，是人们经过理性分析得出的结果或结论。

（3）可修改性

设计有着一定的可修改性特征。计划方案在没有被执行之前或在实施的过程中，可以根据实际情况做出修改和调整。教学设计并非一成不变，这点需要重点关注。

教学设计可以表述为教学活动尚未开展之前提出的预设，是教师基于教学经验、方法和理论等采取的后理性活动，可在实施前或实施中进行修改。

教学设计理论随着研究与实践的不断深入，进而孕育出新的理论。

教学设计的定义界定应基于理论研究与教学实践的结合来进行。教学设计和传统备课的定义和内涵有着明显的区别。与传统的备课相比，教学设计有着显著的科学性和系统性特征。

第二节　英语教学设计的内涵与特性

一、英语教学设计的核心内涵

从教师的教学实践来看，教学设计是一种基于现代学习理论的现代教育技术，是教师基于学生特征等学习需求分析，设计教学目标、教学过程、教学策略、教学技术，并进行评价反馈，以进行教学准备的过程。

那么，英语教学设计就是教师基于学生特征等外语学习需求分析，设计英语教学目标、英语教学过程、英语教学策略、英语教学技术，并进行评价反馈，以进行英语教学准备的过程。

英语教学设计是一种外语教学理念，是一种外语教学技术，是一套外语教学准备工具，其核心内涵有以下三点：

(一) 语言学习理论

无论是行为主义学习理论、认知主义学习理论、建构主义学习理论，还是其他学习理论，都对语言学习有诸多探讨，形成了丰富的语言学习理论。行为主义学习理论的“刺激—反应（S—R）”对于语言学习，尤其是外语学习的知识记忆与技能掌握都是不可或缺的学习理论。认知主义学习理论的感知觉、记忆、提取、鉴别、比较、分析、综合等信息加工活动是语言学习，尤其是外语的知识学习与听、读技能训练的重要的学习活动。建构主义学习理论的学生中心理论、自我建构理论、语境理论都是语言学习，尤其是外语学习的重要理论基础。因此，外语学习是一种在语境等因素的刺激下，经过信息加工，自我建构相关外语知识和外语技能，形成外语运用能力的活动。

为了提高外语学习的有效性，了解外语学习理念的英语教师应在教学准备时，坚持以学生为中心，精心设计外语学习的刺激源、信息加工的过程、自我建构的过程与策略等，以引导学生形成相应的外语运用能力。

（二）外语教学理念

外语教学设计是教师为了提高外语教学的有效性而开展的外语教学准备活动，因此，外语教学理念是外语教学设计的重要内涵。

外语教学方法的种类众多，无论是经典的语法翻译法、直接法、听说法、情境法，还是交际法等，都对外语教学有着或此或彼的作用。对一些具体的教学内容，不同的方法有不同的作用。

外语教学设计就是根据不同的教学内容、教学目标、学生特征、教学条件等，选择恰当的教学方法，形成科学、合理的教学过程、教学策略、教学活动等，引导学生形成外语运用能力。

（三）外语教育技术

教学设计是一种基于系统理论、传播理论、设计理论的教育技术，这些技术对于外语学习非常重要。

外语学习是一项系统工程，无论学习目标、学习内容、学习过程、学习活动，还是评价活动，都应基于系统理论进行设计。外语教学作为一种教育传播活动，特别是在外语资源非常缺乏的环境下的传播，教师应准确分析传播内容、传播对象，合理设计传播方法等，这样才能实现有效传播，促进学生的自我建构。

总之，外语教学设计是一种设计活动，教师应科学把握教学方法、学习过程、学习活动、评价活动等方面的特性，才能科学设计教学。此外，教学设计作为教师的预设，在学生的自我建构过程中，教师可能面对无限的生成现象，因此要充分把握教学设计的可修改性，根据学生真实的学习过程，不断修改、调整教学过程和教学活动等，促进学生外语运用能力的形成。

二、英语教学的本质特性

(一) 外语教育

外语就是外国语言。对于我国学生而言，英语当然是一门外语。因此，我国的英语教育本质上是外语教育。

我国只有很少量的电视节目和新闻媒体是使用英语的，生活中也只能接触少量的英语。除了英语课堂之外，学生运用英语的机会非常少，这使得英语教学受到很大限制。

作为外语教育，英语教学需要考虑英语与我国学生的母语（主要是汉语）之间的巨大差异。英语属于日耳曼语系，使用拼音文字，汉语则属于汉藏语系，使用象形文字；英语呈现西方文化，汉语呈现中华文化。这些都对英语教学有着本质影响。

(二) 学科教学

目前，学校教育主要采用分学科的教育制度，由不同的学科实现共同的教育目的。英语作为学校教育的一门学科，既需要实现学校教育的总体目标，又需要实现学科自身的目标。

学校教育的最终目标是促进学生的全面发展，英语学科也应促进学生的全面发展。基于学校教育总体目标，英语学科的具体目标应为：

1. 语言能力

英语作为语言学科，自然要培养学生的语言能力，主要是培养语言运用能力。培养语言能力，就需要语言知识、语言技能、语言学习策略、语言相关的文化等方面的教学。

2. 综合素质

语言能力是一个人的综合素质的体现，语言能力的培养需要以综合素质的培养为基础，其核心是理解能力、表达能力、分析问题的能力、解决问题的能力等。

(三) 跨文化交往

外语学习本质上是一种跨文化交往活动，因为语言本身是文化的组成部分。同时，学习外语涉及对外语所呈现的文化的理解，这使外语教学本质上成为一种跨文化交往活动。

在外语教育中，跨文化交往是无所不在的。英语所呈现的文化对于我国学生来说，是一种与汉语有很大差异的思维方式、生活方式、价值体系、社会形态等。这些都使得英语教育本身成为一种跨文化交往活动。

我国学生应该如何面对学习英语过程中的跨文化交往活动，显然是一个很大的问题，这也正是外语教育从来都是一个制度和文化选择的重要原因。在我国开展英语教育，需要形成明确的跨文化态度，这是英语作为外语教育的跨文化基础。

综上所述，我们可以说，英语教学在我国是一种学习外语学科教育的跨文化交往活动。

第二章　英语教学设计的内容

第一节　英语教学策略设计

一、教学组织策略

(一) 英语知识组织策略

人的语言交际能力包括语言能力和运用语言的能力。语言能力是指学生对语言知识（语音、语词、语法、文化知识等）的掌握；语言运用能力是指学生具备的以听、说、读、写等形式运用语言，实现特定的语用目的的能力。倘若学生没有掌握语言知识，就不可能具备运用语言的能力。语言知识和语言运用的能力相结合才是语言学习应达到的目标，因为它们就像一个硬币的两个面，是构成语言交际能力不可分割的两个组成部分。因而，促使学生掌握一定的语言知识和具备听、说、读、写的语言交际能力是英语教学的目的。

1. 语音知识组织策略

语音是我们运用语言进行口头交际传递信息的媒介，可以说，语音是语言的外壳，是整个语言学习的重要基础；学生的语音水平对于其听、说、读、写、译各项技能的发展都起到直接或间接的制约作用。因此，语音教学是英语教学过程中的一个至关重要的环节，在相当程度上决定了学生在英语学习方面的发展。语音知识教学应当遵循的组织策略主要有以下六个方面：

(1) 确保学生的发音尽可能准确

准确性是语音教学的首要组织策略，因此，教师应通过多样化的教学手段，从发音方式、发音部位等方面入手，促进学生掌握尽可能准确的发音，形成正确的发音习惯，尤其是语音的运用习惯，如强调语气的重读等。

(2) 坚持长期的语音训练

就语言教学来说，语音教学始终是整体语言教学中不可忽视的一个方面。因此，为了达到教学目标，语音知识应遵循长期性组织策略。随着学生水平的提高，教学中应增加语音知识训练，逐步减少纯技能性训练。

(3) 力求音素、音标、词汇、句子、语义、语用各个层面的结合

语音知识并非单纯指关于音素和音标的知识，而是应该从音素、音标、词汇、句子、语义、语用各个层面综合考虑。例如，教师可以将 [iː]、[i]、[e]、[ei] 音素与句子相联系。

She is a Chinese teacher.

Miss Green reads Chinese paper every day.Twelve teachers listen to the Chinese radio.Please stay and wait for a minute.Please sit down and listen to the teacher.

(4) 针对学生的发音困难采取相应的教学措施

语言是民族性的，语言的物质外壳在各类语言中也具有明显的民族特征。例如，汉语中没有辅音连缀的发音，而辅音连缀在英语中却普遍存在。因此，学生常常在英语辅音连缀中间增加一个元音 [ə] 或者 [i]，如将 class[klaː s] 读成 [kəlaː s]，把 sleep[sliː p] 读成 [sliː pə]，把 name[neim] 读成 [neimu] 等。学生由于受不同地域方言的影响，在英语发音方面表现出的困难也各有不同，如北方学生存在将 [η] 泛化的问题，南方学生存在把 [l] 读为 [n] 的问题，尤其是 nice 读成 lice，knife 读成 life 的问题。针对以上这些问题，教师应及时提供相应的指导。

(5) 增加语音学习的趣味性

教师可以根据不同学习阶段学生的特点，或采用游戏、竞赛、歌谣、歌曲、绕口令等方式，或借助动画、图片、录像等教具，增加语音学习的趣味性。

(6) 将语音置于特定的运用语境中

语音要通过运用习得，不是单纯的知识讲解就够了。教师应尽量将语音教学置于特定的运用语境之中，让学生领会、分析语音的交际含义，将所学知识用于交际活动，巩固所掌握的语调、重音等技巧，准确传达交际意图。语音能力的评价也应置于交际语境中，不仅要看其发音是否准确，更要看其是否对交际活动有促进作用。

2. 语词知识组织策略

语词是语言的基本要素，是组成句子的基本单位。语词包括音、形、义三个结构要素，学习和掌握语词的音、形、义三个要素并在交际活动中灵活运用语词的过程是一个复杂的心理认知过程。语词教学包括意义、用法、使用策略等方面的内容，教师应根据词的不同特点、学生在学习时的认知规律、学生已有的知识、经验和个性心理特点等，采用各种不同方式，揭示语词的本质特征。

语词知识教学应当遵循的组织策略主要有以下六个方面：

(1) 选择恰当的语词

一般来说，所选择的语词应是出现频率较高，或者常常造成学习中的困难、具有一定的代表性的语词。这样，通过一部分单词的学习可以使其他单词的学习变得轻松。

(2) 合理确定语词学习目标

一个成年的非语言文字工作者掌握的本族语的语词中，一般只有 1/5 是能熟练运用的语词，4/5 是理解性的语词。一般的外语学生所能熟练运用的外语语词也只是其总语词量的 1/3，其他 2/3 是理解性的语词。

所以，我们在语词教学中，应该根据这一比例，合理地确定语词学习的目标。这样可以大幅度提高语词教学的有效性，降低语词教学的难度，尤其是记忆单词拼写形式的难度，进而提高学生的语词运用能力。

(3) 本着直观性、情景性和趣味性原则展示语词

直观性就是指利用实物或教具展示物质名词，利用动作展示动词，利用面部表情或体态动作展示表情词语等。同时，教师还应当引导学生通过分析阅读或听力材料，自主领悟和推理单词的用法，将语词教学与技能教学融为一体。

(4) 引导学生在具体情境下使用语词

如果学生不能够在真实的语境下使用语词，则很难掌握单词的用法，更谈不上发展口头表达能力和笔头表达能力。因此，语词教学并非仅仅指对语词音、形、义方面的讲解，还应包括为学生创设具体的情境让学生使用语词。

(5) 帮助学生了解语词所包含的文化含义

语言是文化的载体，要恰当地使用语言就必须了解相关的文化知识。因此，语词教学不能仅限于引导学生了解语词的字面意义，还必须了解单词的语用意义，同时还必须掌握单词的文化意义。

(6) 利用记忆规律、学习风格帮助学生记忆语词

对于我国学生来说，单词的词形与读音记忆是一大难点，因为英语是拼音文字，而汉语是象形文字，同时由于语言历史的原因等，英语的拼写形成了同一语音不同拼写形式的现象。

不同学习风格的学生有着不同的记忆方式，我们应该基于学生的不同学习风格，引导他们掌握不同的记忆方法和策略。比如对于视觉型学生，边看边写边拼读可能是有效的，学习词缀等构词法也是有效的。但是对于听觉学生，可能需要边听边看，口头拼读单词才能更好地记忆语词。

3. 语法知识组织策略

语法是语言能力的一部分，掌握语法知识可以帮助学生认识语言本身的规律，从而主动、积极地学习语言。学生掌握一定量的语法知识有助于学生理解，甚至监控、纠正语言的输出，为准确表达提供可靠保证。

语法知识教学应当遵循的组织策略主要有以下四个方面：

(1) 注重语法教学的系统性

语法是语言系统规律的体现，语法教学也必须符合系统性。系统性原则要求语法教学依据教材中的语法系统，同时也要符合语法发展的规律，即语法知识的选择应符合现代交际的原则，满足交际的需求，避免出现交际中较少使用、为语法而语法的教学设计。

(2) 贯彻语法教学的交际性

基础教育的语法教学应当遵循交际性原则，在必要的意识提升活动（consciousness-raising activities）和语法操练的基础上，教师为学生尽可能地创设交际性语言环境，例如，运用实物、图片、动作、表演、录像等手段，创设包含运用语法规则的具体情境。教师也可以利用学生已经掌握的词语、短句来突出语法的交际本质，来创建真实、半真实的交际活动，引导学生感知、理解和学习语言。

(3) 注重语法教学方法的多样性

语法教学应注重活动的多样性、话题的多样性、课堂组织的多样性、评价方法的多样性以及教师指令的变化性等。例如，归纳法与演绎法相结合，归纳法更有利于鼓励学生积极探索，以发现规则，满足求知的欲望，形成学习的内在动机；隐性语法教学（implicit grammar instruction）与显性语法教学（explicit grammar instruction）相结合，以隐性教学为主，适当采用显性教学，通过隐性教学培养学生的语言使用能力，通过显性教学增强学生的语法意识；语法教学与听、说、读、写活动相结合，语法应服务于听、说、读、写各项技能，语法教学应该在听、说、读、写的活动中培养，以实现服务于交际的目的。

(4) 激发学生的语法学习动机

学习动机是开展一切学习活动的保证。为了激发学生的语法学习动机，语法教学中要注意选择恰当的语法内容，尽可能创设真实的语境，以适合学生的年龄、认知能力与语言水平，同时贴近学生的生活经历。

4. 文化知识组织策略

语言与文化是密不可分的，语言的学习不可能离开文化，在一定程度上，外语教学就是文化教学（cultural instruction）。文化知识教学应当遵循的组织策略主要有以下四个方面：

(1) 系统地组织文化知识教学活动

在外语教学中系统地添加一些文化内容，如在教材中专门设立文化专栏，举办文化讲座、组织文化欣赏活动等，促使学生系统地掌握所学外语国家的基础文化知识。

(2) 将文化知识目标和态度目标、能力目标等融入外语教学

在外语教学中将文化知识目标、态度目标、能力目标等融入其中，如采取文化会话、文化合作、文化表演、文化交流等方式进行外语课堂教学，引导学生在语言学习过程中接受文化教育。

(3) 通过师生活动感知文化差异

在外语教学中，教师与学生作为不同文化表现者参与文化互动活动，如师生相互讨论某一文化现象，通过文化疑惑解析、文化冲突化解、文化专题研究等方法，引导学生感知文化之间的差异，形成开放、平等、尊重、宽

容的文化态度。

(4) 通过学生直接参与文化交往获得文化知识和文化体验

学生在外语教学中直接参与文化交往，如通过面对面的交往或网络交往等直观的方式，在潜移默化中获得文化知识，养成积极的文化态度，形成有效的文化能力。

(二) 课堂活动组织策略

课堂教学活动是最主要的学校教学活动，与课外活动相比较，其目的性更强，学习效率也更高。英语课堂教学活动大致分为知识与技能的展示和呈现、语言知识与技能训练、语言应用实践及策略、学习评价等环节。当然，这些环节可以根据具体的教学要求，按照不同的顺序展开，而且常常在课堂教学中交替进行。此处将从 PWP 教学活动组织策略、任务教学活动组织策略、自主学习活动组织策略三方面加以论述。

1. PWP 教学活动组织策略

PWP 教学模式是强调学习过程的一种教学方式，而不仅是学习结果。此模式常用于听力、阅读等教学中。听力理解和阅读理解常常被误认为被动的过程，而事实上其在学生处理所获得的信息的过程中发挥着主动作用。

以英语听力理解为例，学生只有集中注意力聆听对方的话语，将得到的语言输入与自己先前已有的知识建立联系，才有可能理解信息。如果注意力不够集中，或者与听到的信息相关的知识准备不足，学生就不能理解信息的意义。

再以英语阅读理解为例，学生通过视觉对得到的信息加以诠释或重构，并重现所阅读文章作者的写作意图。这个过程不仅是对字面意义的理解，更涉及学生对语言、社会文化背景以及篇章类型等方面知识的掌握。具体来说，阅读水平高的学生能够辨认词汇、短语；理解句型结构；了解与所阅读的篇章类型有关的知识；了解与所阅读的篇章内容有关的一般常识。在阅读过程中，这些方面的知识相互影响、相互补充。

因此，英语听力理解和阅读理解绝非一个被动接收信息的过程。为了提高教学效果，课堂教学环境下的 PWP 听力教学活动可分为以下三个阶段：

（1）听力前（pre-listening）阶段

通过采用预测、头脑风暴法、提出问题、发现要点或信息等方法，帮助学生确立听力目标，激活背景知识、展示话题、提高学习积极性，并就相应的语言形式、功能进行训练。例如，为了弥补课堂环境中语境的缺乏，教师在听力前阶段可以给学生提供与听力材料相关的背景知识，目的是激发学生的图式知识，以更好地理解听力材料。

（2）听力中（while-listening）阶段

这是听力教学中的关键阶段，也是教师最难控制的阶段，因为此时学生需要高度集中注意力来处理相应的语言信息。通过采用丰富多彩的教学活动，如根据听力信息对相关内容排序、根据听力信息表演相关动作或绘出图片、进行填空等活动，达到理解信息和训练技能的目的。听力任务难度在很大程度上取决于教师要求学生根据听到的信息完成任务的方式。

（3）听力后（post-listening）阶段

教师可通过学生应用学习到的知识和技能评估听力效果，通过完成多项选择题、回答问题、做笔记并填充所缺失的信息、听写、做出决定等方式，评价是否听懂了相关的信息。需要特别注意的是，这个阶段的练习活动应测试学生对听力材料的理解，而不是考查学生的记忆。如果听力材料过长，学生就可能忘记前面听到的内容。例如，教师采用开放式问题（open questions）来引导学生展开小组讨论，猜测讲话者的情绪状态，是生气、难过、高兴还是激动；或者采用推理式问题（inference question），引导学生根据听力材料内容加以判断。

与 PWP 听力教学相似，课堂环境下的 PWP 阅读教学活动可分为以下三个阶段：

（1）阅读前（pre-reading）阶段

读前阶段具有“导入”特征，教师一般采用各种活动，如预测、介绍文章的背景知识等开展词汇、句法教学活动以激活学生的背景知识，同时激起学生对阅读材料的期望或兴趣。例如，为培养预测能力，要求学生根据阅读材料的题目预测阅读材料的主题内容。

（2）阅读中（while-reading）阶段

这个阶段是阅读教学的中心环节，教师组织学生参与各种活动培养学生的阅读技巧，训练阅读策略形式，帮助学生掌握阅读材料的体裁、结构特征、概要、主题、细节信息等。学生既要理解字面意义，又要依据字面意义展开推理阅读。学生往往不太容易识记那些以一般的篇章形式呈现的信息，但是如果将同样的信息转化为其他形式，如图片、图表、地图、树形图、柱状图、流程图等，就会大大提高信息的处理速度和记忆保持时间。

(3) 阅读后 (post-reading) 阶段

教师引导学生根据所读的内容开展一些评价或应用性活动，如讨论、角色扮演、填充信息 (gap-filling)、重述、发现错误信息、写作等。以发现错误信息为例，教师提供给学生一个阅读材料的内容摘要，但是摘要中存在一些与阅读材料中内容不符的错误信息，教师引导学生依据自己对阅读材料的理解发现并纠正这些错误信息。需要强调的是，角色扮演作为一种经常采用的语言学习活动，可在阅读后阶段运用，这样既能够激发学生的学习动机，又为学生提供了使用语言的机会。

2. 任务教学活动组织策略

任务教学过程是一种以具体的学习任务为学习动力或动机、以完成任务的过程为学习过程、以展示任务成果的方式来体现教学效果的教学过程。任务教学过程强调引导学生完成真实的学习任务、积极参与学习过程的重要性，倡导以语言运用能力为目的。鉴于目前我国外语教学在学习方式、时间限制、师生比例等方面的特点，对于处于基础阶段的学生来说，切实可行的任务教学的课堂教学程序包括任务的设计、任务的准备、任务的呈现、任务的开展、任务的评价五个阶段。

在任务的设计阶段，教师应首先确定学习任务是有意义的，必须有真实的语境和真实的交际目的。同时，学习任务的设计应该具有一定的层次性，既包括简单的对话练习，也包括类似引导学生根据听力理解完成图表内容这样较复杂的任务活动。我们知道，兴趣是学习行为的驱动力，可以转化为学习动机，而动机的强弱与学生参与学习活动的热情成正比。参与任务的兴趣只有转化为参与动机，才能变成实际的心理上的参与力。因此，学习任务必须能够引起学生的兴趣。

任务的准备阶段是指在学生学习新语言之后，运用所学新知识完成任务之前，教师向学生介绍完成学习任务所需要掌握的语用知识，强调语言表达过程中的正确性（accuracy）和得体性（appropriateness），目的是为接下来的任务完成做好准备。从教师角度来说，语言使用呈现的关键就是促使学生理解完成学习任务所需要的语用要素。要做到这一点，教师自己必须把握好教学内容的语用内涵，并根据任务的需要进行准备。

在教学实践过程中，任务的呈现通常跟在语言学习之后，以引导学生发现、教师提示、教师讲解或师生合作归纳等方式进行。尤其是那些难以把握或学生自身难以察觉的语用内涵，教师要采用详细讲解、生动演绎的方式进行，以便学生准确把握相关的语用内涵。

在开展学习任务的过程中，教师应认识到任务的教学目的与任务的结果并不相同，认识到这一点对于开展真实运用任务和真实学习任务都是至关重要的。从学生角度来看，不论是真实运用任务还是真实学习任务，完成任务的目的就是为了达成任务的结果。但从教师角度来看，更重要的是任务的完成是否达成了教学目标，也就是说，真实运用任务的完成是为了引导学生接受语言意义和运用所学语言功能，而真实学习任务的完成是引导学生掌握某一(些)语言形式，培养其在现实世界中运用语言的能力。

在任务的评价阶段，教师通过观察、访谈、日志、讨论、问卷等方式，引导学生对学习过程加以反思，即对任务完成过程进行有意识的反思，例如，对照任务的目的反思任务的完成情况如何；关注学生对所学习的语言形式是否掌握等。

以任务阅读教学为例，教师在借鉴和吸收任务教学法的基本理念和方法的基础上，强调阅读目的，注重阅读活动的真实性，旨在培养学生的阅读兴趣，学生通过完成真实的阅读学习任务提高阅读理解能力。教师根据阅读材料布置阅读任务，引导学生借助网络系统、图书馆等信息渠道获得相关的背景知识，以多种形式展示阅读任务完成情况，如角色扮演、海报、张贴画、手抄报、图表、专题报道等等。教师结合任务完成的情况，一方面进行词汇、句法方面的专项训练，以巩固语言知识；另一方面还要引导学生反思自己在任务完成过程中所使用的学习策略，结合学生的具体策略使用情况，进行必要的学习策略讲解和策略培训。

3. 自主学习活动组织策略

自主学习活动强调应根据自主学习的理念为学生创建支持性的学习环

境，使学生之间形成良好的协作关系，学会自我管理和自我评价，逐渐成为自主学生。因此，为学生创设和谐、互助、自主的环境是自主学习教学过程的核心部分。也就是说，教师向学生提供一定的阅读材料，以学生自主学习为主，以相互学习和教师指导为辅，促进学生的知识和能力的发展。由于自主学习教学过程能够促使不同的人获得不同的发展，实现差异性教学，激发和增强学生的学习兴趣，因此有利于学生主体作用的充分发挥，能较好地实现教学的情感目标。

例如，在自主学习活动组织教学中，教师鼓励学生采用不同的学习途径或方式，不强求一致，尊重并帮助学生发展个性化学习途径和方式。每个学生的认知风格各有不同，有的学生喜欢独立思考，表现为具有场独立风格（field independent）的学习特点，而有的学生则更愿意与他人交流，表现为场依存风格（field dependent）的学习特点。对同一个问题的解决，学生既可以通过独立思考的途径，也可以通过学生之间合作交流的途径解决问题。对同一个观点的探索，学生可以选择接受式学习方式，也可以选择有意义的发现式学习方式。

需要强调的是，自主学习并非指学生根据学习材料自学。事实上，自主学习教学模式提倡以合作交流为特征的小组教学。通过小组教学，学生作为学习活动的积极参与者，在与他人的积极合作过程中，不仅能够实现信息与资源的共享与整合，使自我认知能力得以扩展和完善，而且还能够培养合作精神和群体意识。例如，教师在设置问题时，应向学生提供符合学生的认知能力水平、有针对性、有层次的问题情景，鼓励学生主动探索，从不同的角度探究问题中可能隐含的条件和规律，然后在组内交流各自的想法。这样，才能培养学生独立思考的好习惯，才能达到小组教学的良好效果。

从学生的全面发展要求看，自主学习教学组织策略应注重教育学生学会学习，培养学生科学地提出问题、探索问题，创造性地解决问题的能力。在自主学习教学过程中，教师并非旁观者，在向学生介绍新材料或新任务、提出新问题时，教师应起到学习活动的组织者或引导者的作用。在开展学习活动时，教师应起到合作者和促进者的作用，在参与学习活动的过程中，发现学生理解问题的角度、深刻程度以及存在的问题，并适时介入，或肯定学生在讨论中所持的正确观点，或引导学生的讨论活动。当发现学生遇到困难时，教师应成为点拨者，帮助学生排除思维过程中的障碍。同时，教师要起到心理咨询者的作用，引导学生学会倾听、理解、分享，鼓励学生不断树立参与学习活动的信心。教师还要起到发现者的作用，善于发现学生提出的富有创意的见解或独具特色的问题解决方式。

思维情境是激发学生自主学习兴趣的动力源。自主学习教学过程要求教师根据学生的认知水平、已有的知识和学习体验，设法挖掘学生原有知识和课本内容之间的联系，并将课本中的结论性知识重新组织成能够得出某一结论、具有科学性特征的语言信息。这种具有知识性、趣味性和讨论价值的“可学习”特征的材料能够引发学生的好奇心，贴近学生的知识和体验，落在学生最近发展区，这样学生就更容易入情入境，对学习活动产生浓厚的兴趣和强烈的探索欲望，自主学习行为的产生也就成为可能。

（三）课外活动组织策略

在我国，英语学习是在汉语环境下进行的，往往缺乏真实性，而且还存在英语学习时间不足的问题。因此，课外的语言学习活动，如与英语本族语者交谈、看英文电影、看英文电视节目、阅读英文小说、用英语写电子邮件等，是实现英语教学目标的不可或缺的补充性教学活动。通过组织丰富多彩的课外活动，学生能深刻理解所学的语言知识和技能，并自觉地将所学知识和技能加以应用，培养英语交际能力。

教师应在组织课外活动的过程中起引导的作用，例如，教师向学生推荐供课外阅读的英文小说。当然，教师在课外活动组织过程中不可干预过多，否则，就有可能减弱学生的积极性。

课外活动组织分为大型的课外活动和小型的课外活动。戏剧表演是可以定期开展的大型的课外活动之一，可用来巩固和评价所学语言知识和技能。这类具有创造性特点的课外活动非常有利于发挥学生的主观能动性，同时还能促进学生之间的团结与合作。开展英语歌曲比赛、英语角、英语报刊或手抄报等带有综合性特点的实践活动也属于大型的课外活动，为学生运用所学语言知识和技能提供了很好的机会，学生相互合作，也有利于培养集体荣誉感。

开展这类大型的带有综合性特点的实践项目都应该有一个主题明确的

活动方案、相应的图示和文字说明。由于开展这些活动的目的是巩固已学知识和已经形成的语言技能，因而，这类活动应定期开展，而且安排时间也要适当，通常可以在期中、期末进行，也可以在英语节、艺术节等活动期间进行。值得注意的是，此时参与者是否使用英语是对学生的表现或作品的重要评价标准之一。

经常性的课外活动多属于小型活动，通常指由学生一个人或一组开展的活动。例如，教师引导学生参与游戏；经常采用讲故事的方式呈现或练习所学语言知识，能够非常明显地提高学习效果；学生用英语写日记，有条件的可以建立自己的英语博客；学唱英语歌曲和歌谣是练习所学的内容，如语法结构、语音规则、词汇和句子韵律的有效方式。这些活动均有利于提高学生使用语言的流利程度，并能增强学生对所学内容记忆的效果。

(四) 教学形式组织策略

在现代教育中，教学组织一般分为三种基本形式：班级教学、小组教学和个人学习。班级教学是教师向一个班级的学生传递教学信息的教学组织形式；小组教学是教师通过组织班级内的学生形成不同的小组，传递和分享教学信息的教学组织形式；个人学习是教师指导学生个人根据学生自己的选择，接受和获得教学信息的教学组织形式。

个人学习是人类历史上最早出现也是最本质的学习形式。在人类社会分工之前，原始人类的教学都是手—口相传的形式。随着人类的社会化分工，教学需要强调规模效益，班级就出现了。在班级教学中，教师会根据不同的学习风格、学习基础等，把学生分成若干小组进行教学。

在具体的教学中，会根据学生情况、教学内容等，结合使用不同的组织形式，因为教学的不同组织形式各有所长，也各有所短，适合使用的条件和对象也不同。

在英语课堂教学中，讲解课文或说明语法内容时，通常采用班级授课的方式；在组织任务实施时，通常将学生分成小组；而对于需要记忆、背诵的内容的学习，只能依靠学生个人的努力去完成。

当然，应该根据教学需要，最大效度地使用不同的教学形式。以小组教学为例，应该尽可能根据教学目标，将学生分成小组。若任务需要不同能力学生的配合才能完成，就应该根据学生的能力水平，把不同能力的学生分在同一小组，而不是把同一能力水平的学生分在同一小组。但若任务是需要同一能力水平的学生才能完成，就自然应该根据学生水平分小组。

只有一切从学生出发、一切从学习出发，教师才能最大效度地选择恰当的组织形式。

二、教学传递策略

(一) 输入策略

语言输入（input）指在语言学习过程中，学生接触作为学习目标的语言内容的过程。语言输入是语言学习的重要条件和前提，因此，教师应特别注重研究和利用心理学的基本原理，掌握作为语言输入的语言知识与功能的展示策略，以促进学生对语言输入相关信息的理解和应用。

以语言技能输入为例，听、说、读、写是人类使用语言开展交际活动所需要的主要技能，同时也是人类认识世界、获取知识、发展自身能力、相互交流情感的必不可少的重要途径。从英语教学角度来看，培养学生听、说、读、写的能力是英语教学的主要目标，而且，以上各种技能必须全面发展，不可偏废。事实上，作为语言交际活动的方式，听、说、读、写各项技能相互联系、相互依存。但是，听、说、读、写各种语言活动也有它们各自的特点，教师应结合教学实践进行相应的训练活动，以提高教学的针对性。

1. 展示听的技能

作为人类口头交际活动的基本形式，听总是领先于说。听不仅是接收和理解声音符号信息，更是积极思考、重组语言信息、创造性地理解和吸收信息的心理语言过程，涉及学生的认知、情感因素，如学生感知语音、辨别词汇、句法、句意的能力等。因此，在展示听的技能时，应注意以下几个方面：

(1) 听力材料的真实性

真实性指听力材料的语言要力求真实、自然、地道，反映出英语本族语者使用语言的习惯，具有真实交际意义。

(2) 听力材料的可理解性

可理解性指听力材料作为语言输入，在难度上应具有以学生现有的知识结构为基础、但又稍微高出现有能力的特点。

(3) 听力材料的多样性

多样性指听力材料的题材和体裁多样化，目的是促使学生接触丰富多彩的语言，尤其是在不同交际场景中的语言使用。为了扩大语言输入量，教师应结合教材内容，为学生补充适当的辅助听力材料。

(4) 学生的语言知识、背景知识水平

教师应意识到语言知识是听力理解的基础，听者必须具备一定的语音、词汇、语法知识；同时，学生还要对听力材料中涉及的人物、场景、文化背景、风俗习惯、生活方式、价值观等方面的背景知识有所了解。

(5) 学生的情感状态

学生的学习动机、自信心、焦虑等情感因素直接影响听力理解水平，教师应帮助学生树立自信，以轻松、愉快的心理去听，保持思维的活跃性，提高听力效果。

2. 展示说的技能

同听力一样，说的能力也是人类语言交际活动的基本形式。说话者借助已有的语言知识和规则，创造性地运用语言，是大脑积极思维的过程。教师应借助一系列的教学活动实现语言规则的内在化，避免学生从母语到英语的“心译”过程，实现直接流利地表达思想和情感。因此，在展示说的技能时，应注意以下几个方面：

(1) 先听后说

根据理解先于表达的认知特点，教师在展示说的能力时，要本着先听后说的原则，一是要针对语音或知识点，教师在展示过程中要求学生听清、听准，然后再口头模仿。二是要重视语言理解，教师在展示过程中促使学生接触大量语言信息，并逐步实现语言规则的内在化，学生积极吸收和扩充语言知识，以培养语感。

(2) 口语活动的多样化

在英语教学中，学生从学会发音、模仿到在交际场景中运用语言连贯地表达思想是一个漫长的过程，口语活动应多样化，如：模仿、简单的问题回答、机械操练、意义操练、交际活动、小组活动、角色扮演、解决问题、自由表达等等。

(3) 学生的语言水平

口语活动的展示应考虑到学生的语言水平，如语言能力和语用能力。语言能力是口语表达的前提，正确的语音语调、一定量的词汇和语法知识积累都是培养学生口语表达能力的基础。在口语交际过程中，学生应具备一定的语用能力，即根据具体交际场景和上下文，调动已有的文化背景知识和个人体验，得体地使用语言，实现交际目的。

(4) 学生的情感状态

焦虑是影响学生口语表达的主要干扰因素，适度焦虑可以促进学习。教师在展示说的能力时，应尽力创设交际情境，鼓励学生大胆表达，促使学生以自信、积极的心态参与学习活动。

3. 展示读的技能

读是人类书面交际活动的基本方式，是通过视觉感知语言符号获取书面信息的行为，更是从视觉感知语言符号到完全理解书面材料的意义的过程，也是与语言知识、文化背景知识、个人经验等相联系的认知加工过程。时代的发展，尤其是计算机技术的广泛应用，大大促进了信息的交流，英语阅读愈加凸显出其交际活动的本质特点。因此，在展示读的技能时，应注意以下几个方面：

(1) 阅读材料的真实性

真实的阅读材料往往为本族语者所用，如英文报纸、电视、电影中的英语材料等；非真实的阅读材料指专门为学习外语的人设计的学习材料，如词汇和语法知识等会做特别考虑和处理。介于两者之间的阅读材料尤其适合外语环境下的学生，这类材料既兼顾真实性，又考虑到学生的语言水平，非常有助于提高语言水平和语言技能，为今后阅读理解真实的材料做了充分准备。

(2) 阅读材料的可理解性

阅读材料的可理解性指语言信息输入稍稍高于学生目前的知识水平，旨在传递语言负载的信息，帮助学生获得交际性阅读技能。真实性与可理解性并非完全对应：真实的材料未必可理解，可理解的材料未必真实。尤其是对初学者来说，材料既应真实，又要具有可理解性，才能有效提高学生的阅读技能。

(3) 阅读材料题材的广泛性、知识性和趣味性

阅读材料的题材应广泛，文章内容应包括不同的知识范畴和文化背景，教师应引导学生了解和掌握不同体裁、题材的作品。同时，阅读材料内容应新颖、有趣，以激发学生的学习兴趣，提高学习动机，调动他们积极的思维活动。

(4) 学生的语言水平

阅读过程始于视觉感知语言符号，学生必须掌握一定的语音、词汇、语法等语言结构知识。学生的背景知识和个人经验构成了“认知图式”，图示知识与语言结构知识共同形成了学生理解所读内容的前提条件。

(5) 学生的情感状态

兴趣是影响学生阅读能力的重要因素之一，学生的阅读兴趣愈浓，则其阅读量愈大，阅读面愈广。为了培养学生的内在阅读兴趣，阅读材料的选择必须难度适当，力求实现知识性与趣味性的统一，以帮助学生在提高语言知识的同时，充分享受到阅读带来的愉悦感。

4. 展示写的能力

作为人类日常交际中的一种表达性技能，写是将思想转变成语言文字符号的过程。在英语教学中，不同的学习阶段对写有不同的要求。起始阶段的写作活动是为高级阶段的交际性的写作奠定基础，促使学生最终能够使用英语、自由地表达思想。因此，写作既是英语教学的目的，又是英语教学的重要的表达手段。因此，在展示写的技能时，应注意以下几个方面：

(1) 写与听、说、读技能的结合

任何一项语言技能的培养都不可能是孤立的，只不过是在单项训练时有所侧重而已。写的能力应与听、说、读能力相结合，例如，听写既有助于提高学生写的准确性，又能检验理解的正确程度。又如，学生对段落的仿写、改写、写出摘要等活动都是在阅读基础上完成的，让学生先说再仿写、改写，既可减少表达的错误，又可降低写的难度。

(2) 学生的语言水平

写的技能培养受到学生的语言水平的限制，如语言能力、语用能力等。

书面语比口语更正式、更复杂，要求表达上的精确程度较高，学生应掌握丰富的词汇，能够准确、恰当地表达思想，而且学生还要学会运用不同的语言形式表达特定的意义。同时，学生还应考虑读者的文化知识和背景知识，在写作中恰如其分地传递信息。

(3) 写作活动的多样性

写的活动应根据学生的语言水平采取多种多样的方式，如：书写、抄写、听写、段落仿写或改写、句子或段落扩写、看图写作、按照提示写作、课文缩写、文章改写、自由表达等。

(4) 学生写作动机的激发

教师应尽可能地结合学生的生活实际和思想感情，为学生创设问题情境，挖掘交际题材，捕捉学生的兴趣点，促使学生产生表达的愿望，使他们有话可说，有情可抒。

5. 任务输入策略

任务教学倡导教师在充分指导学生积极地投入知识的心理建构过程，促进新旧知识相互联系的同时，引导学生产生主动学习的心理倾向。输入策略包括以下几个方面：

(1) 学生先前知识的激活

学生借助于教师的充分引导将新信息与先前知识整合成更高层次的知识结构，例如，教师提供一些核心概念，以语义联系的方式激活学生原有知识，作为接收新信息的基本框架；或以提供典型范例的方式使抽象的讲解变得具体、形象，更有利于学生的理解。

(2) 各项技能的使用

同样的新信息可以通过多种感觉通道展示给学生，例如，阅读材料的展示既可以通过视觉的形式，也可以通过听觉的形式，也就是说，既涉及读的技能，又涉及听的技能。但是，如果多种感觉通道提供的信息量超过一定的度，或两种感觉通道呈现的信息完全无关且信息量过大时，学生则难以接纳，从而降低了教学效果。例如，教师留出一定的时间让学生阅读和理解教材或黑板上的与学习任务有关的内容，如果此时教师还在滔滔不绝地讲解，反而会使学生无所适从。

(3) 难度适中的任务

教师在呈现学习任务时应确保任务难度适中，因为学生对过难的学习任务常常会望而却步，对过易的学习任务又难以引发学习的兴趣。在任务设计中要安排适度的不确定性，以引发学生进一步探寻的兴趣。

(4) 引起学生注意

任务呈现应为学生新近体验到的不同的内容，但呈现方式和内容应简洁明了，避免杂乱、无关的信息分散学生的注意力。例如，在使用多媒体手段呈现信息时，删除无关的背景信息及不必要的细节内容，以突出重点。

(5) 激发学生的动机

如果任务难度适中，呈现方式灵活且富有趣味性，学生更有可能产生对学习的兴趣，从而产生积极的、愉快的学习欲望。例如，教师可通过布置课前学习任务对学生的期望施加影响。

(二) 吸收策略

外语学习过程中语言输入与语言吸收（intake）有着本质区别。语言吸收是指学生在接触作为学习目标的语言内容后摄入目标内容的过程。作为输入的语言，因为语速过快或呈现速度过快，或者因为难度过大，学生不能理解全部的语言，那些无法理解的语言就不能成为学生的吸收语言。

言语是行为，因为语言行为是人类社会化的交际手段。同时，语言也是知识，因为语言知识是人类社会行为内化的结果。具体到外语教学，语言训练可以促使学生掌握英语语言本身的结构和规则及相关技能。英语知识结构大体包括语言结构和语言规则两方面：语言结构指语音、词汇、句法、语篇结构；语言规则指语法规则。显然，学生掌握语言的结构和规则能完善语言使用的正确性，监控语言运用过程，修正错误；同时，也有助于学生生成多种句式，灵活表达思想。也就是说，语言训练是促使学生更快、更好地吸收语言的有效手段。

1. 促进吸收的语音教学活动

对于我国的学生来说，英语语音学习中节奏常常是学习的难点。节奏包括重音、长短、连读，其中重音起决定性作用，即节奏与句子重音和词的重音关系密切。英语中大量单词有两个以上音节，其中有的音节强而有力，被称为重音。单词重音的变化有时会引起词义的改变。例如：

All pupils are present this morning.（形容词）

The little boy gave the present to his grandma.（名词）

He presented him with some pens.（动词）

同一个单词 present 在上述句子中因重音不同，单词的意义也相应发生变化：在第一个句子中，present 的重音在第一个音节上，作为形容词使用，意思是“在场的”；在第二个句子中，present 的重音虽然也在第一个音节上，但作为名词使用，意思是“礼物”；在第三个句子中，present 的重音在第二个音节上，而且作为动词使用，意思是“赠送”。

事实上，句子节奏与各音节间发音时间长短有密切的联系，句中重读音节的多少决定了读完或说完句子所花的时间。例如：

She is	a student.
My sister is	a good student.
John's younger sister is	a very good student.

上述三个句子的说和读的时间长度差不多，如果学生不能将非重读音节读或说得既轻又快，就会导致第三句所花的时间远远超过第一句。这样一来，学生的句子节奏掌握不准，无法形成地道的英语发音，尤其是在班级集体朗读时教师更要注意避免这类情况的发生。

2. 促进吸收的词汇教学活动

掌握词汇的音、形、义三种结构要素是开展词汇知识教学的基本内容。

音：音是词汇的物质外壳，人类在口语交际中凭借词的声音理解来表达意义。

形：形是词汇的书面形式，词形是在口语的基础上产生的记录语音的书面形式符号。

义：义是人类心理认识活动对一类事物进行概括的反映。词义又分为具体意义和中心意义。具体意义是指词与词所代表的客体的关系，中心意义是指词与概念的直接联系。

在语言交际中，首先要在音和代表客观世界的意义之间建立联系。词汇作为符号，是音和义的统一体。没有意义，词音和词形的结合就缺乏内容，语言交际就无从谈起。没有词音就谈不上词形，没有词形就无法使用书面语进行交际。因此，无论是口语交际还是书面语交际，必须建立音、形、义的紧密联系。首先，形成词音和词义的联系；其次，形成词音、词义和词形的联系；最后，达成词音、词形和词义之间的直接联系。

语言最基本的功能就是作为人类的交际工具，语言能力具体表现为听、说、读、写四个方面的技能。英语教学只有通过社会交往活动才能培养学生的交际能力，教师与学生、学生与学生之间用英语开展交往活动是帮助学生获得有效语言输入的主要途径。

3. 促进吸收的听力教学活动

以听力技能培养为例，听的过程涉及生理学、语言学和心理学等方面因素，它既包括对语言知识的辨认，又包括对语言内容的信息加工处理。因此，听力技能覆盖了语言的不同层次，涵盖多项“微技能”(micro-skill)：

(1) 听辨语言知识特征，例如，能够区分因素之间的差别，识别词的缩略形式和词尾变化特征，认识到重音、节奏、语调所反映的讲话者的说话或感情特征等。

(2) 听辨功能词和话语标记，例如，学生借助于一些话语标记，如“for example, however, if, but, nevertheless”等来判断语篇上下文的呼应关系，正确理解讲话者的表达思路。

(3) 听辨话语的交际功能，例如，学生根据谈话的场景、参与者的特征和谈话所得到的交际目的等线索识别话语的交际功能。

(4) 猜测意义的能力，例如，学生根据已经掌握的语言知识和图示知识猜测生词的意义；甚至当漏听或错听有关信息时，学生依据上下文所提供的信息猜测该部分的正确意义。

(5) 预测、推理的能力，例如，学生根据发生的事件和内在逻辑关系，预测结果，推测出可能存在的因果关系，寻找论点、论据、归纳、例证等重要信息。

4. 促进吸收的口语教学活动

口语技能培养应遵循下列原则：

(1) 从形式操练到交际性活动的循序渐进原则

语言教学中的许多口语活动是以语言形式为中心，目的是帮助学生掌握语言的发音、词汇、句型结构等。为了培养学生的交际能力，口语教学应更多地重视意义的表达，但这并不否认操练的必要性和重要性。从注重形式到注重意义的过渡并不一定与学生的学习阶段完全对应，每个阶段都有不同种类的训练活动，即使学生在语言学习初级阶段也可能进行交际活动。

(2) 尽可能为学生创造开口说英语的情境

针对有些学生怯于开口讲英语的现象，教师应结合实际生活模拟情景，努力营造浓厚的语言氛围，利用积极的情感反馈，消除心理障碍，鼓励学生积极参与课外活动，培养学习兴趣，体验成就感，获得学习英语的内在动力。

(3) 正确对待口语表达的流利性和准确性

口语表达的流利性强调意义的完整表达，而准确性强调语言形式的正确使用，过于重视流利而忽视准确，很可能使语言难以被理解；过于重视准确而忽视流利，则可能使意义表达缺乏连贯性。以纠错为例，过分重视流利性而很少纠错可能导致学生形成错误的语言表达方式，在交际中影响听者的理解，影响交际的顺利进行。过分重视准确性而经常纠错可能导致学生情绪焦虑，或对英语学习产生抵触心理。

5. 促进吸收的阅读教学活动

阅读技能也是由一系列微技能组成的：

(1) 识辨语音、词的特征和语法关系，以理解语言的表层意义。

(2) 预测阅读内容，学生在阅读过程中不断验证和修正自己的预测，这正是学生（读者）与阅读材料作者之间的互动关系。

(3) 获取特定细节，即快读（scanning），目的是获得某些特定的细节信息。

(4) 获取主题要旨，即略读（skimming），目的是获得阅读材料的主题大意。

(5) 推断隐含意义，学生借助各种线索理解语言表达的引申意义，推断作者隐含的观点、态度。

(6) 猜测词义，学生根据上下文的信息和句法、语法关系猜测词义。

(7) 识辨语段标志，学生根据语段标志，如 for example，in other words，that is to say 等理解篇章结构。同时，学生也应当能够识辨篇章的衔接手段

（cohesive devices）和呼应手段（coherent devices），以理解阅读篇章的组织形式。

教师在训练阅读技能时，应引导学生有目的、有重点地使用某种阅读技巧，开展针对性训练。而且，阅读技能训练的活动应多种多样，如多项选择、判断正误、回答问题、完形填空、信息转换练习等。

6. 促进吸收的学习策略教学活动

事实上，学习策略的运用也是促进学生语言吸收的有效手段。学习策略指能够有效实现学习目的、学生有意识采用的学习行为及方法。培养学生的策略意识就是指培养学生在学习过程中的自我监控能力、自我调节能力，以提高自身的认知操作水平。具体来说，策略培养就是提高学生对自己认知过程的思维，是大脑对信息的表征、组织、储存、提取过程的思维。根据学生的心理过程特点，学习策略可分为元认知策略（metacognitive strategy）、认知策略（cognitive strategy）和情感 / 社交策略（affective/social strategy）。

元认知由元认知知识、元认知经验及元认知监控三部分组成。元认知知识又分为三部分：个人知识、策略知识和任务知识；元认知经验指的是学生在学习过程中的感受；而元认知监控指的是学生监控、管理、评估及调整学习活动的过程。也就是说，元认知学习策略指学生利用元认知知识，结合自己的元认知经验，调控学习过程所采用的策略，例如，计划、自我管理、自我监控、自我评估等。学生能够充分利用各种学习资源促进目的语学习，主动拓展接触目的语信息的渠道，寻求学习机会，也属于元认知策略。此外，学生通过各种手段分析学习中的任务需求、语言需求、注意力需求、情感需求，并根据各项需求分析安排自己的学习的能力也属于元认知策略。有声思维（think-aloud）是培养学生自我监控、自我管理意识的一种有效方式，譬如，教师引导学生在阅读过程中说出自己对阅读信息的理解，使他们学会思考、预测和验证，形成自我监控力。

认知学习策略指学生为了解决具体学习问题而采取的学习策略，按照语言的听、说、读、写各项技能来说，可以分为普遍适应式学习策略（context-free learning strategy）、词汇策略、听力策略、阅读策略、写作策略等等。普遍适应式学习策略不受学习目的和环境的影响，适用于多种学习目的和活动，这类策略包括联想、概括、演绎 / 归纳、词义猜测等。

情感策略 / 社交策略属于非智力因素。情感策略的目的是帮助学生在学习过程中保持良好的情绪状态，如移情，即通过换位思考等方式体验他人的情感。其他常见情感策略有析疑、合作、自我激励等。常见的社交策略有合作、求助、寻求与他人用目的语交流的机会、释义、非语言交际等。例如，教师引导学生通过合作解决独自一人可能难以解决的问题，可以提高学生的自信心，减少焦虑感。

（三）输出策略

如果说，语言输入是指学生听到或阅读到的并能作为其学习目标的语言信息，那么以此类推，语言输出（output）就是指学生产生语言成果的过程。

学习策略的运用是促进学生输出语言的有效手段。外语学生的策略应用能力是在长期的学习过程中逐步发展起来的，对于初学者来说，英语的语音、语调、句子、会话、语篇等让他们感到很新奇，他们尚不具备自我监控和自我调节学习认知活动的经验，因此，教师的外在指导和督促对他们起着不可或缺的作用。随着学生的语言知识、技能、语言运用能力的不断提高，学生逐步形成了具有自身特点的学习策略和学习方法，对学习过程的自我计划、自我监控和自我调节意识不断发展和增强。即使初学者在学习的开始阶段对自我观察、分析和监控有所意识，此时所进行的监控也只是局部的，如针对英语语音、词汇、句子和对话等部分内容。教师在教学过程中应当重视认知知识的讲授，并督促学生在学习过程中积极运用，使认知知识的实际运用得到强化和巩固。同时，教师还要重视认知体验的培养，例如，在学习了购买学习用品的英语对话的基础上，努力创建与所学内容类似或至少相关的交际场景：购买食物或衣物等，引导学生仿照所学对话开展交际活动，直至学生能够在类似场景中掌握自由对话的技能，目的之一就是激发学生的认知体验，获得真实交际的体验。随着学生认知知识、认知体验的增加和监控能力的发展，学生的自我监控能力从局部转向整体，即从语音、词汇、句子、对话逐步延伸和扩大到听、说、读、写的交际能力层面，乃至智力发展、全面发展和素质教育之中。

三、教学管理策略

(一) 英语教学管理的内涵

依据管理学理论，英语教学管理属于管理的范畴，对于它的定义，人们众说纷纭，在我们的教育管理中运用了：计划、组织、指挥、协调、控制这五个要素，我们把它称为“五要素法”。我们可以将英语教学管理的含义这样进行概括：是为了提升英语教育教学的质量、保证英语教学的课堂效果、增强学生的实际运用能力的目标，各个学校对英语过程组织的详细安排，通过教师与学生间的共同努力实现的教学活动课程。

在教学过程中，我们可以将英语管理看成一个综合的整体。在这个整体中，我们要突出两个管理要素，即计划与组织。提高教学质量，提高学生的运用能力、提高教学效果和水平是我们一直强调的目标追求，我们要将五要素运用到我们的英语教学管理当中，贯穿我们的英语教学的整体，形成一个独立的机制和管理体系，让英语教学的效果凸显出来。

(二) 教学管理策略

1. 多措并举促提高

我们要创新管理机制，在拓宽教师培训途径、提高教师教学能力上创新机制。具体来讲，可以根据以建促训、以训促建的主要方式来制定十分科学的目标与方案，利用每年都有的科研项目，脚踏实地地把英语学科的建设基础打牢，实施精品的课程管理。促进教师教学理念的转变，学习新的教学模式，将新的教学方法运用到我们的课堂当中。

2. 突出应用抓学习

英语教学管理主要是为学生提供服务的，其对象是学生，教学质量评估标准基础也是学生。因此，需要把学生的学习管理确定为英语教学管理的重点与难点，围绕说好英语的目标，要在学生学习积极性的基础上，利用网络技术，构建并不断完善英语网络学习平台；在校内通过举行口语大赛、建立英语角、开设学校英语广播等具体方式，有效开展英语的第二课堂活动，让学生由被动学习变为主动学习，实现提高教学水平和教学质量的目的。

3. 形式多样评质量

进行教学评估十分重要，是学校制定一定教学管理政策，测评教学质量，以及评估教学效果的重要依据。因此，建立与完善组织是前提和基础。将学院的相关机构纳入英语教学管理的这个模式当中，对英语的管理过程、教学水平和质量进行监督，对课外的英语活动实施相关的办法。对测评和评估进行完善，细化测评和评估的标准，将主题围绕在学生的应用能力上，突出英语的实用性，在测评和评估当中不断地提高教师的教学质量。此外，还要创新思路，以激发学生的学习热情，让学生向“我要学、我要说、我要练”的方向发展。

总之，英语教学管理是比较复杂的管理活动，其中有很多的因素制约着这个管理模式。英语的教学管理中的规律、影响因素都是比较复杂的，但是它对提高教师教学水平、提高教学质量都有着十分重要的影响。因此，我们要明白教学管理的职能。

第二节　英语教学过程设计

一、教学过程的形态与功能

(一) 教学过程的形态

根据过程哲学的观点，过程是一个连续不断的阶段或形态的结构式的序列。教学过程，就是师生之间从教学启动、导入、展示、讲授、训练到评价、反馈等连续展开的结构或形态序列。

从本质上看，教学过程是师生之间的交往互动，是学生在教师以及教师所提供的学习环境引导下，通过与教师的经验互动，学生的主体性和认知得到确证、生成和发展的过程，是学生通过与教师的主体间互动（感悟、理解和体验等），展示自我、发现自我、发展自我的过程。

教学作为人的社会实践行为，其过程是执教者事先设计、然后实施的活动序列。从目的视角分析，教学过程显然是学生在教师指导下认识世界的过程，是接受前人积累的知识经验的过程；从交往视角分析，教学过程是师生之间的交往互动；从认识论来看，教学过程是学生在教师引导下形成新的知识、能力、素养的过程。

在人类悠久的教学历史中，形成了丰富的教学过程思想。从教学的中心点分析，这些教学过程思想主要表现为两种形态：以教为中心的教学过程和以学为中心的教学过程。

1. 以教为中心的教学过程

在教学中，教师为了完成知识传授任务、保证教学过程顺利开展，根据其知识、能力、素养以及教学条件等，从导入、传授、讲解、组织等环节设计教学过程，这个过程就是以教师的教为中心的教学过程。

以教为中心的教学过程要求根据教学内容的内在特征、教学内容被传授的可能方式、教师的教学风格、教学环境给教的活动提供的可能等，进行教学设计。以教为中心的教学过程可以保证教学内容直接、高效、有序地传递，支持教学环节的顺利推进。

尽管以教为中心的教学过程也对学生的学有一定的考虑，但其中心是教，而不是学。在这样的教学过程中，当学生的学与教师的教出现冲突时，则会主要依据教师的教进行教学。

以教为中心的教学过程对于纯粹的陈述性知识的传授有一定效果，但对培养学生运用知识的能力却收效甚微。当然，以教为中心的教学过程可以用于教师教育的训练，以考查教师是否具有相应的教学技能。

2. 以学为中心的教学过程

一切伟大的教育家都是以学为中心的教学过程的实践者。孔子提出的“学—思—行”的教学过程，后来的思孟学派提出的“博学之、审问之、慎思之、明辨之、笃行之”的教学过程，以及西方古代或近代的赫尔巴特的“明了—联想—系统—方法”、杜威的“疑难—问题—假设—验证—结论”等各种教学过程，以及当代的“激发动机—感知教材—理解教材—巩固复习—运用实践—测试评价”教学过程，都是以学为中心的教学过程。

以学为中心的教学过程强调从学生的学习出发，根据学生的起始水平、学习风格、学习环境等，设计从感知到学习、到实践和评价的学习过程，教师根据学生的学习过程开展相应的促进学习的教的活动。

在以学为中心的教学过程中，当教与学发生冲突时，教师需依据学生的学习需求修正教学过程，保证所有的教学活动都促进学生的学习。

以学为中心的教学过程依据学习过程设计，实现学习过程与教学过程的有机统一，以保证教学过程按照学生的学习特征开展，从而促进教学。

在以学为中心的教学过程设计中，教师的作用仍然是主导的，因为这一过程是教师设计完成的，也是教师在课堂中实施的。所以，这就要求教师在设计教学过程时，充分了解学生，切实基于学习过程设计教学过程。

(二) 教学过程的功能

教学过程是教学的实施，是教育目标达成的根本性因素；教学过程在实现教育目标中所起到的作用就是教学过程的功能。教学过程主要有知识传授功能、能力培养功能和素养发展功能。

在教学过程中，教师向学生系统、全面、有计划地传授陈述性知识，因此形成教学过程的知识传递功能。教学是人类社会有目的、有计划、有组织地通过传承人类实践经验而培养新一代的活动。所以，有效传递人类社会实践知识，成了教学的主要目的，也是教学过程的基本功能。

我们知道，只有知识传授是不能培养合格的人才的，能力培养是教学必须承担的职责，教学过程因此具有能力培养功能。在教学过程中，我们通过传递知识，让学生主动掌握知识和运用知识，促进学生认识能力、语言能力、思维能力、观察能力、分析能力和解决问题的能力的发展，从而把学生培养成具有建设和改造人类社会能力的新一代。

通过教学，学生的思想情感、精神面貌、道德品质、价值取向、情感意志、行为举止等都可以得到发展，教学过程因此具有素养发展功能。在教学过程中，教师和学生互动，学生和教学内容、教学活动互动，学生和学生互动。在这些互动交往中，学生的综合素养可以得到全面的培养和熏陶，从而实现全面发展。

和所有学科的教学过程一样，英语学科的教学过程也具有这三种功能。英语语言知识、文化知识的传授使英语教学过程具有知识传授功能；英语运用能力培养以及通过培养英语运用能力而得到促进的认识能力、思维能力、观察能力、分析问题和解决问题能力都得到培养，这使英语教学过程具有能力培养功能；英语教学过程中的跨文化教育以及相应的精神面貌、道德品质、价值取向、情感意志、行为举止等教育，使英语教学过程具有素养发展功能。

当然，教学过程的功能在一个具体的教学过程中不是分裂的，而是相互交叉，不断出现的。

弄清教学过程的功能，对于教师分析和设计教学过程非常有帮助，因为可以从功能的视角分析教学过程，考察设计的教学过程是否体现教学过程的这三种功能。

二、英语教学过程设计

(一) PWP 教学过程

我们可以把学习过程划分为学习前（pre-learning）、学习中（while-learning）和学习后（post-learning）三个阶段，这就是 PWP 教学过程。

学习前阶段是教师进行教学准备、学生进行自我准备、教师激活学生学习新的语言知识、形成新的语言运用能力所需的知识、能力的阶段，其目的是为新语言内容的学习做好准备。这一阶段包括课堂教学之前的一切准备活动，也包括课堂教学中开始学习新的语言内容之前的导入、启动、复习、激活等活动。

学习中阶段是学习新语言的阶段，一般是在课堂进行，但也可以是课堂之外的自我学习活动。在这一阶段，教师进行知识呈现、讲解，引导学生进行训练，学生通过学习掌握语言内容，形成语言运用能力。

学习后阶段是学习新语言之后的评价、运用阶段，这一阶段应该是课堂之外的运用活动阶段，因为课堂内的活动本质上都属于学习阶段的活动，即使是课堂内的运用活动也属于促进学习的运用活动。

PWP 教学过程可以用于英语教学的每一项具体语言教学内容，在技能教学中表现为不同的具体形式，如听力中的 pre-listening，while-listening 和 post-listening，口语中的 pre-speaking，while-speaking 和 post-speaking，阅读中的 pre-reading，while-reading 和 post-reading，写作中的 pre-writing，while-writing 和 post-writing。这里以写作为例进行说明。

1. 写作前（pre-writing）阶段

写作前，一般应激活学生的写作动机，首先可以通过讨论最近生活、热门话题、焦点问题等，逐步把学生的兴趣引导到写作话题上。然后可以开展头脑风暴（brain-storming）活动，让学生就写作话题的背景知识等开展词汇、语句、文章结构等的自由表达，激活学生已有的知识和能力。

2. 写作中（while-writing）阶段

一般写作的阶段可以分为范文学习、范文分析、中心确立、大纲设计、语句写作、修改完善这几个阶段。

这里的写作不是真实的写作，而是指写作学习，所以，写作中的第一个环节是学习如何写。在这个阶段，学生在教师引导下学习范文，分析范文的篇章结构、论证方法、语句表达方式，甚至学习地图、树形图、柱状图、流程图、统计表等图表的使用等等。这个环节与阅读密切相关，因为其本质上就是一个阅读活动，只不过是为了学习如何写作而进行的阅读活动。

写作的具体方法有很多，不过一般都应该先确立中心思想。在英语写作中，有时看似只是把需要表达的信息用书面形式表达出来，似乎不需要确立中心思想。其实不然，因为任何一篇好的写作，都必须有中心思想。即使是看几幅图片，表达图片中的内容，也同样需要确定以什么信息作为主体。例如，图片是学生在植树，是以第三人称描述信息还是使用第一人称，这就是一个确立中心的选择。

在写作中一般要先设计写作大纲。可以设计顺叙表达，也可以设计倒叙表达，甚至可以设计夹叙夹议的大纲。没有经过大纲设计的表达肯定是没有章法的。

在写文章草稿时，是先从头脑风暴获得的语词结构出发，还是先写出一些语句再来穿插运用头脑风暴获得的语词结构？尽管这都是可以的，但显然前者更有利于运用头脑风暴获得的语词结构，后者则更有利于一气呵成的创作。

草稿完成之后，进行修改完善，是非常有利于学生的写作学习的，可以提高书面表达的能力。

3. 写作后（post-writing）阶段

在真实生活中，作者在完成写作之后，一般都是把文章发表出去，把信件寄送出去，把作业提交上去。这些都可以是写作后的活动。教师可以鼓励学生完成写作后，把文章贴到自己的博客、发表到学校或其他网站上，投稿到报社，张贴到校园甚至教室后面的作文栏里，等等。

不过作为写作学习活动，学生在完成写作之后，还可以进行讨论、相互批阅等，这些促进学习的写作后活动，对于提高写作能力是非常有帮助的。在学生相互讨论和批阅中，可以制定一定的标准。例如，某次写作活动有一项语言结构要求：至少用一个定语从句描述人物，这时在相互讨论时就可以讨论谁的定语从句运用得最好，找出班级的“Top10”。当然，还可以选出运用所学单词的“Top10”，语句结构最丰富的“Top 10”，开头最吸引人的“Top10”，结构最恰当的“Top10”等，这样的写作后活动就可以成为写作学习活动的有力补充。

(二) 任务教学过程

任务教学是以引导学生用所学语言完成某些任务为基础而开展语言教学的教学过程形态，它是能直接培养学生的语言运用能力的一种有效教学方法，但不是唯一的方法。

任务教学通过特有的课堂教学程序培养学生的语言运用能力，所以著名任务教学的专家威利斯 (J.Willis)、斯凯恩 (P.Skehan) 以及埃利斯 (R.Ellis) 都先后提出了自己设计的任务教学的课堂教学程序模式。

威利斯的模式中任务前、任务环、语言聚焦 (language focus) 的程序具有比较典型的二语教学特征，其语言聚焦在任务完成之后，说明任务完成不是语言学习的结果，而是语言学习的前奏，这对于外语教学显然有比较大的实践困难。斯凯恩提出了基于认知心理学的教学程序，他的程序非常清晰地说明了减缓认知负荷、注意力操控等教学环节的目的，但其心理过程显得过于复杂，而且全班学生的认知心理过程是否完全一致，也没有定论。基于此，埃利斯按时间顺序把任务型教学的课堂分为任务前、任务中和任务后三大阶段，然后把不同的教学活动作为不同选择 (options) 按阶段提供给教师，放弃了用一种课堂教学程序把各种教学活动都串起来的努力。

之后 D. 威利斯 (Dave Willis) 和威利斯在 2007 年出版的 *Doing Task-based Teaching* 一书中，修改了 1996 年提出的框架 (framework)：在 posttask 后面，原来的环节叫作“language focus”，现在叫作“form focus”，更多地强调了语言的准确性，同时又增加了“task repetition”或者“task evaluation”这样一个环节，使任务达到一种更好地完成阶段。所以，在这个层面上，我们可以看到任务教学的过程本身也是在不断发展的。

对于教师来说，更为清晰的课堂教学程序应该具有教学目的和教学过程的双向性。也就是说，应该按照教学程序来说明教学目的，这样才能比较清晰地呈现教学程序。而国外这些学者提出的教学程序在我国的汉语环境、教学时间非常有限的大班环境是否有效，甚至是否可能，都需要深入的研究和实践。

在当前我国这种外语教学环境（主要表现为汉语环境、教学时间有限、大班）中，切实可行的任务教学过程有以下三种：

1. 基本模式：“任务呈现—任务准备 / 语言学习—任务完成—任务反审”程序

在任务教学中，对课堂教学程序按时间顺序划分的同时也加以目的的描述。任务教学的课堂教学程序大致可分为四阶段：(1) 任务呈现（presenting the task）(2) 任务准备（preparing for the task）(3) 任务完成（completing the task）(4) 任务反审（reflecting on the task）。不难看出，由任务呈现，进而是任务准备，完成，最后到任务反审，体现的是一个任务教学课堂的时间顺序过程，而呈现、准备、完成、反审等是对这一过程中各阶段目的的描述。这一课堂教学程序是真实任务课堂教学的基本程序，也是我们倡导的教学程序。

任务呈现阶段的目的是引导学生进入任务情景，理解任务要求，尤其是任务所要求的结果等。这与埃利斯模式中“任务定调（framing the task）”相似，就是要给所要完成的任务定下基调，确定框架，也与威利斯（1996）模式中的任务前阶段的介绍话题以及帮助学生理解任务指引等活动相似。一方面，任务教学强调任务呈现阶段要引导学生进入任务情景，其目的是激活学生与任务相关的内容图式（content schemata），以便减轻学生在任务完成阶段的认知负荷，使他们有更高质量的语言产出。另一方面，任务呈现阶段也强调帮助学生理解任务要求，尤其是任务所要求的结果。如果学生对任务要求不明确的话，在其后的各阶段就难以实现预期的教学目的。

任务准备阶段的目的是让学生为完成任务而进行内容或语言上的准备。

作为语言教学活动，任务主要涉及两方面的准备：一是任务参与者在完成任务过程中所需要获取、处理或者表达的内容；二是任务参与者在完成任务过程中获取、处理或者表达这些内容所需要的语言知识、技能或者能力。一般来说，前者往往是以意义为首要关注的任务准备，而后者则是以形式为首要关注的任务准备。如在一个电子邮件任务中，任务要求学生给教师写一封电子邮件告诉教师某位同学20年后可能的工作情况，为此，学生就需要在内容上做准备，包括向某位同班同学了解他20年后可能的工作情况。如果学生对使用英语描述一个人的工作情况存在困难，如对社会上不同职业的词汇不熟识，那他们就需要在语言上做准备，如学习相关的词汇等。

显然，有些任务准备阶段的教学活动并不是一种纯粹内容上的或者语言上的任务准备活动。以“观察别人做相似的任务”为例，学生既可以从观察他人做相似任务的过程中获取完成任务所需要的内容信息，也可以从中学习到完成任务所需要的语言知识，如词汇、结构等。对此，教师一般存在对学生的任务准备活动是否加以引导的选择，如果加以引导，教师还可以选择是引导他们准备内容还是准备语言，即是以意义为首要关注还是以形式为首要关注。

在任务教学中，真实学习任务是以形式为首要关注的教学活动，它可以围绕自身任务所要求的结果，也可以围绕一个真实运用任务所要求的结果而展开教学活动。也就是说，在真实运用任务的任务准备阶段，教师可以通过一个真实的学习任务引导学生为完成该真实运用任务做语言方面，即以形式为首要关注的任务准备。

任务完成阶段的目的是让学生按照任务要求完成任务，以达成任务所定义的结果。值得注意的是，任务教学要求区分任务的教学目的与任务的结果，这对于真实运用任务和真实学习任务都是同等重要的。对于学生来说，不管是真实运用任务还是真实学习任务，他们完成任务就是为了达成任务的结果，而对于教师来说，任务的完成更重要的是看是否达到教学目的。

完成任务的要求往往是教师在设计任务的时候预先设定好的，但教师还可以在学生完成任务的同时做出一些同步的教学决定以影响任务的完成。在真实运用任务的任务完成阶段，任务的主要参与者是学生。这时教师可能在“远处监控”，而在真实学习任务的任务完成阶段则不一样。真实学习任务是强调师生共同参与完成的，这也是真实运用任务与真实学习任务在任务完成阶段中的不同之处。

任务反审阶段的目的是提供机会让学生重新审视任务过程，包括任务的准备和完成过程，特别关注所运用的语言的正确性（accuracy）与得体性（appropriateness）。任务反审阶段属于任务后阶段，其中的关键是对任务过程进行有意识的反审，如对任务的完成情况进行反思，对任务过程中所出现的语言形式问题加以关注，等等。

与教学目的相对应的是教师在任务反审阶段的三大类教学活动，即（1）重做任务（2）反思任务（3）关注形式。显然，在实践教学中教师可以有不同的具体的教学活动选择，如威利斯的模式中就以任务报告作为一种任务反思的方式。另外，教师也可以对学生的任务反审加以引导，或者不加以引导。重做任务大多是没有加以引导的一种任务反审活动，而对某些语言形式的关注则往往是一种有引导的任务反审活动。

在任务教学中，其中有引导的任务反审活动是真实学习任务。与任务准备阶段相似，教师可以在真实运用任务的任务反审阶段设计相应的真实学习任务以引导学生对任务过程中出现问题的一些语言形式加以反审和学习。

显然，在任务教学的课堂教学程序中，任务呈现阶段与任务准备阶段都属于任务前阶段，而任务完成阶段则是任务中阶段，任务反审阶段是任务后阶段。埃利斯曾指出，任务中阶段是任务型课堂所必需的（obligatory）一个阶段，而任务前、任务后两阶段则是非必需的（non-obligatory），但对保证任务中阶段有效促进语言发展起着关键的作用。这在任务教学的课堂也一样，即任务完成阶段是任务教学的课堂所必需的，而任务呈现、任务准备和任务反审阶段都是围绕该阶段而展开的。

比较埃利斯、斯凯恩和威利斯等人所提出的模式，不难发现他们都各自有不同的侧重点和切入角度。斯凯恩的模式是基于信息处理理论提出的，威利斯（1996）的模式是从教学实践的角度提出的，而埃利斯的模式则是对各模式的一种提炼和概括。任务教学的课堂教学程序模式是基于我国英语教育真实情况而提出的，是在我国英语教学实践中总结出来的。

与同样是从教学实践角度提出的威利斯的模式相比，颇为有趣的是，威利斯把任务后阶段细分成任务报告和语言聚焦两大部分，而埃利斯则把任务前阶段分为任务呈现和任务准备两阶段，其中有两大原因。

一方面，如前所述，在任务教学中，真实学习任务既可以是围绕自身任务所要求的结果而展开的教学活动，也可以是围绕真实运用任务所要求的结果而展开的教学活动。显然，把任务前阶段分为任务呈现与任务准备两阶段有利于教师较好地组织课堂教学，使真实学习任务为真实运用任务服务。

另一方面，任务型的课堂教学一开始就应呈现任务，让学生在任务的驱动下进行准备；如果把任务呈现阶段与任务准备阶段对调，或者不强调任务呈现阶段应在任务准备阶段之前，那么这一过程也就不是任务驱动型的教学过程。因此，任务教学把任务前阶段分为任务呈现阶段与任务准备两阶段是有利于教师较好地把握任务呈现阶段与任务准备阶段的先后顺序的。这对PPP课堂教学模式以及与之相似的传统课堂教学模式较为熟识的大多数英语教师来说更是如此，因为如果不强调任务呈现阶段先于任务准备阶段，熟识PPP课堂教学模式的教师就可能没有首先呈现任务，而是首先对某些他认为学生完成任务所需要的语言形式进行讲解和操练，然后再呈现任务，最后完成任务。这样的课堂也就难免像PPP课堂教学模式，而与任务型教学的理念相去甚远。

任务教学把任务前阶段分为任务呈现和任务准备阶段的这两方面原因显然都是任务教学本身所要求的，但说到底是由我国英语教育的真实情况所决定的。

2. 语用模式:“语言学习—语用呈现—任务呈现—任务完成—任务反审”程序

语用模式是真实任务课堂教学程序的一种变体，主要适合语言难度较大或教师刚开始采用任务教学的情况。

这一变体是把“语言学习”这个环节提前到“任务呈现”之前，并在“语言学习”之后加了“语用呈现”这个环节。这里重点介绍这个新的环节。

语用呈现就是向学生呈现所学语言的语用特征，尤其是完成后面的运用任务所需要运用的语用要素，强调语言在运用上的正确性（accuracy）与得体性（appropriateness），为后面的任务完成做准备。语言呈现阶段属于任务前阶段，其关键是帮助学生掌握完成任务所需语言的语用内涵，进行有意识的准备。应该说，语用呈现的关键是教师把握教学内容的语用内涵，并根据任务的需要进行准备。

在实际的教学中，语言呈现通常在语言学习之后采用发现、归纳、提示的方式进行，对于难以把握的语用内涵，则可以采用讲解、演绎的方式进行。

这一程序其实有很多传统的 PPP 课堂教学程序的特征，我们可以把语言学习看作“presentation”和“practice”，把后面的任务呈现和任务完成看作“production”。这一程序与 PPP 教学程序最大的不同在于要求教师在语言学习之后进行语用呈现。这就是说，语用呈现是这一程序是否符合任务教学程序的关键，若没有这个环节，我们完全可以把它看作 PPP 教学程序，而有了语用呈现，就可以看作任务教学基本程序的变体。

3. 复习模式：“语言复习—任务呈现—任务完成—任务反审”程序

复习模式是真实任务课堂教学程序的另一种变体，主要适合复习课和活动课。这一程序把“任务呈现—任务准备 / 语言学习—任务完成—任务反审”这个基本程序中的任务准备 / 语言学习环节变成了语言复习环节，而且提前到任务呈现之前，因为这是新语言学习之后的活动课或复习课。

语言复习是此模式的特点，这里给予简要说明。

语言复习阶段的目的是让学生对所学语言进行巩固强化，并主要复习完成任务所需要的语言，复习的主要目的是提高学生运用语言的正确性（accuracy）。语言复习通常是阶段性的活动，可以是一个单元、模块的学习之后的复习，也可以是一个阶段学习之后的复习，比如一个月、一个学期等，还可以是完成一个综合性运用任务（比如 project）之前的复习。

在英语活动教学中，教师经常采用这一教学程序，因为语言复习可以认为是语言学习之后活动课常用的教学程序之一。

以上三种教学程序是我们在教学实验和教学实践中采用的真实任务课堂教学程序，以“任务呈现—任务准备 / 语言学习—任务完成—任务反审”为基本程序。不过相对而言，这种基本模式的教学要求教师具有较高的语言运用能力，能根据语言运用的本质设计语言活动，同时要求学生在比较真实的环境条件中完成任务，如网络任务需要足够的网络环境和条件，与外国旅游者进行交流则需要有讲英语的外国旅游者到当地参观旅游。

对于真实任务的具体课堂教学来说，我们可以根据真实的学生学习要素、真实的教师教学要素、真实的教学内容要素、真实的教育教学条件要素等，选择、调整任务教学的课堂教学程序。当然，我们的教学目标、教学活动的目的必须以培养学生运用英语的能力为目的，因为这是任务教学的目的，也是英语课程所规定的基础教育阶段英语课程的总体目标。

第三节　英语教学媒体设计

一、教学媒体的内涵

提起媒体，我们都不陌生，因为它无处不在。我们每天都会听新闻、看电视、浏览报纸、与家人同事交流等，这些都需要通过媒体来完成。随着科学技术的发展，媒体的形式越来越多，功能越来越强，在社会生活中所起的作用也越来越大。试想，如果没有这些媒体，我们的生活将会倒退到什么程度？我们的学校教育将会是什么情景？

媒介决定并限制了人类活动的规模与方式。每一种媒体的出现都拓展了人体功能。面对面的交流是五官的延伸，印刷品是眼睛的延伸，无线电广播是耳朵的延伸，电视是眼睛和耳朵的延伸等。显然，作为承载和传递信息的中介（medium），媒体具有传播和帮助沟通信息的功能，已经成为我们学习、生活、工作中不可或缺的一部分。那么，媒体与教学媒体有没有区别？什么是教学媒体呢？

（一）教学媒体的定义

教学媒体，顾名思义，是指在教学过程中承载和传递教学信息（知识和技能）的工具或手段。它与一般媒体的区别在于它具有教学的功能，在教学过程中起着存储、传输、呈现教学信息的作用。

广义上讲，任何储存和传递教学信息或内容的实体和技术手段都属于教学媒体的范畴。传统教学中使用的书本、黑板和实物教具以及随着现代教育技术发展而出现的幻灯、电影、广播、教育电视、计算机、多媒体、网络、虚拟现实技术和人工智能技术等都可称为教学媒体，因为它们都可以在教学过程中发挥教学手段的作用，都可以辅助教师传递教学信息。狭义的教学媒体是指可承载和传递教学信息的手段或工具。

(二) 教学媒体的构成要素

教学媒体的基本构成要素包括物质实体和信息符号。作为物质实体，媒体具有其自身的特点和存在的形貌，是教学媒体形成的基础或前提条件。没有具体的物质实体，任何教育信息或内容都无法存储、承载和传递。在口头传播形式中，人体器官（口、耳等）和身势语以及传播的信道（channel）——空气都属于信息传播的实体。在文字传播形式中，从原始的书写材料（泥土、树皮、龟甲、布帛等）到印刷纸墨都是以物质实体作为基础。同样，在电子传播形式中，现代的仪器设备（电视、计算机等）和技术设施也都必须以物质实体作为赖以存在的前提条件。因此，物质实体是传播信息的基础和首要要素。

信息（information）是传播的内容。就教学信息而言，包括知识和技能。但是知识和技能不能直接传递，必须转换成信息符号才能传递出去。符号（sign）是一种可以辨识的标记，表达一定的意义。例如远古时期人们利用物体、刻画符号和图画等把需要相传的信息记录下来。这些用来记事的物体、刻画符号和图画有别于普通的物质实体，它们是特殊的标记或符号，蕴含特定的信息，人们可以传递、识别和解读其意义。实际上，我们生活在一个符号社会里，符号无处不在，无所不有；且系统开放，形式多样。譬如表示喜庆的红色、象征长寿的松鹤图案、警示交通安全的标记、表达喜怒哀乐的乐谱、记录历史的文字等等都属于符号的范畴，都能传递一定的信息。

媒体表征信息的符号可分为语言符号和非语言符号。语言符号又包括自然语言和人工语言。自然语言是指人们在长期的社会生活中形成的各民族语言。任何民族语言都有自己的符号系统，用于交流或记载事物的信息，一般具有口头语言和书面语言（文字符号）两种形式。人工语言是指为特定目的而编制的符号系统，如计算机程序语言等。非语言符号是指语言符号之外的，其他能传播信息的符号系统。它可以是动作类符号，如自然交往中的身势语、特殊职业的手语（交警的手势）；也可能是图像类的符号，如产品的商标、表达诗情画意的图画或动态的电视电影画面、音响符号等等。无论是文字的、图像形式的，还是声音形态的，它们都是信息的外在表征，具有指代和表意功能。换言之，它们都是表达或负载特定信息或意义的符号或代码。

人类可以使用、识别、理解这些符号，并可以将它们编制存储到其他物质实体上。可见，物质实体和信息符号构成了传播媒体的基本要素或条件。

二、教学媒体的分类及其教学特征

为了有效地选择和使用教学媒体，我们有必要对教学媒体进行深入分析，了解其特点以及在教学中的作用。

关于教学媒体的分类，可以根据不同的标准进行划分。最直接的划分是将教学媒体分为两大类：一类是传统教学媒体，是我们长期使用、非常熟悉的物质实体，包括教科书、黑板、图表、模型等；另一类是现代教学媒体，是随着现代科学技术发展而产生的新的媒体形式，包括电声类（录音机、扩音机等）、电光类（幻灯机、投影仪等）、影视类（录放机、视盘教学机）、计算机类（计算机教学系统等）。现代教学媒体利用现代技术储存和传递教学信息，一般由硬件和软件两部分组成。硬件是用以存储和传递教学信息的机器或设备，如幻灯机、录音机、投影机、录像机、电视机、电子计算机等；软件是指可以单独运行且能实现一定功能的程序，即如何将文字、音像类信息等录制到相应的“硬件”材料上（如录音带、电影片等）的技术手段。例如，电脑软件是人们编写的指令代码或程序，可以使计算机正常运作和使用。

根据传递的信息与现实的关系，乌美娜（2000）认为教学媒体可分为真实性、模拟性和符号性三类。真实性教学媒体是指所传递的信息能展示事物的全部特征，如实物、标本等；模拟性教学媒体所传递的信息保留事物的主要特征，如模型、图片等；符号性教学媒体所传递的信息是客观事物的概括，符号与所指之间没有必然的联系，如图表、地图等。

根据传播过程的信息流向，教学媒体可分为单向传播媒体和双向或交互式教学媒体。单向教学媒体只起到信息源的作用，只能向学生呈现教学信息，不能根据学生反馈的信息做相应的信息调整或反馈。这类教学媒体有：教科书、图片、幻灯、无线电广播、电视等。双向或交互式教学媒体具有及时调整后续输出信息的功能，可根据接收者的即时反馈做出信息输出的调整。例如，语言实验室的电子系统可根据指令从单纯的录音呈现及时调整到两两对话或小组活动等互动形式，使得学习过程中的信息交流呈互动状态。

根据媒体作用于感官的方式划分，教学媒体可分为听觉媒体、视觉媒体、视听觉媒体和综合型媒体或多媒体。下面我们就把最常用的几种教学媒体的特点进行一一概括分析。

（一）语言媒体

语言媒体是人类历史上使用最早、应用最广的一种信息传播媒体。自从人类有了语言，它就成为交流思想、传播信息的工具，对社会的发展起着无法估量的推进或促进作用。从简单事物的表达到复杂现象的描述，人类都要借助语言来完成。语言的使用促进了人类自身的思维能力、记忆能力和沟通能力的发展。同时，经验的积累和传播促进了社会的进步和理念的更新。

作为媒体，它具有简捷性。所谓简捷，是指人类可以不需要借助其他工具，直接传递信息、交流思想，在短时间内就可以传播大量的信息。它的简捷性还在于使用同种语言，不同背景的人可以实现即时沟通与交流。另外，语言媒体还具有反馈性特点。面对面的信息传播能及时得到受信者（receiver）的信息反馈，从而有效地调整信息的内容和容量。当然，语言媒体也有其明显的局限性，例如语言自身的抽象性和口头语言瞬间即逝的特点或多或少地限制了其作用的发挥，因此与其他媒体配合使用效果才会更好。尽管如此，语言媒体仍然是我们生活和教学活动中最基本、最常用的传播媒体。课堂教学的绝大部分内容是通过语言媒体完成的，或者说，教师语言是课堂教学信息传递的主要媒体。因此，教师应娴熟地驾驭语言，用精练、准确的言语传递教学信息，启迪学生的智慧，达到教书育人的目的。

（二）听觉媒体

听觉媒体是指作用于人的听觉通道的教学媒体（如广播、录音等），为教学目的而录制和传播声音信息的媒体称为听觉教学媒体。我们经常使用的听觉教学媒体有唱片、录音磁带、有声卡片等。听觉媒体借助语言、音乐以及事物实际声音来呈现描述事物的规律与状态，便于学生模仿、理解和思考。

听觉媒体是外语教与学中应用较广的媒体之一，具有经济实惠、方便携带、便于复制、可反复使用等特点，适用于外语教与学的所有阶段，包括录音机、录放机，或者收录两用机，甚至跟读机、MP3 等。例如，录音机是教师常用的媒体之一。教师可以利用录音媒体，提供真正的交际语音范例，纠正错误发音，让学生感受口语特征，在标准的语言环境中打下良好的语言基础，培养他们正确的语音、语调等。设计不同形式的听觉技能训练活动是发挥听觉媒体效能的有效途径。

当然，听觉媒体有其局限性。它是一种单向信息传播形式，不能及时反馈。另外听觉信息稍纵即逝的特点需要听者精力高度集中，这种训练很容易产生疲劳，不宜长时间使用，与其他媒体配合使用（譬如视觉媒体）效果则更好。

（三）视觉媒体

凡是通过视觉传递信息的媒体，或者说凡是载有教学信息的视觉材料，都属于视觉类媒体的范畴。视觉媒体包括图形、图像、文字以及一切形象化的视觉信息形式，是人类交流中信息最丰富的媒体。视觉媒体包括非投影视觉媒体和投影视觉媒体。非投影型视觉媒体包括黑板、印刷材料、静止图画（照片、图片等）、模型和实物等教具。这些都属于传统教学媒体，教师既可以自己制作又可以选择现成的使用，一般不受条件限制。其优点是应用范围广泛、使用方便，适用于各种形式的教学活动。例如，印刷材料的教学资源丰富、信息系统稳定。不足之处在于其信息表现一般为线性的组织方式，形式单调，所提供的信息以抽象经验为主。

投影型视觉媒体主要有：实物投影、投影、幻灯三类。这类视觉媒体的显著特点是直观性强、使用方便，有较强的呈现静态事物的能力，适合不同年龄阶段的教学。值得注意的是，不同年龄段的人对颜色的偏爱不同，大多数青少年喜欢颜色和形状逼真的图案。鲜艳的色调、清晰的图像能吸引他们的注意力，但是过于逼真的视觉材料可能会干扰学生的注意力，会使他们关注所呈事物的形貌而忽视其内涵。

（四）视听觉媒体

视听觉媒体是通过视、听两个通道同时呈现信息的媒体，主要有电视、录像、电影片段和计算机辅助教学系统。显然，视听觉媒体要比单纯的听觉媒体或视觉媒体效果要好，因为这样能够使学生切身体会教学内容，印象深刻，便于理解和记忆学习内容。

在所有的感官中，视觉和听觉最为重要。无论承认与否，生活中我们都在有意无意地通过我们的视觉和听觉感知、解读周围的世界。课堂上，我们更是耳目并用地进行“听、说、读、写”。实际上，视听觉媒体（如电影片段、录像）能够提供较为自然的语言文化背景。因此，在外语教学设计中应尽可能地选择视听结合的媒体，使直观、鲜明的图像与生动的语言有机结合；这不仅能创造出一种语境氛围，充分表达和传递教学信息，而且有利于激发学生的好奇心和学习兴趣，加深对语言的领悟和理解。

（五）多媒体

多媒体（multi-media）是一种将视听信息传播能力与计算机交互控制功能相结合的新型信息处理系统，主要通过人机交互方式同时处理、编辑、存储和呈现两种以上不同类型的信息，把文本、图形、动画、图像等多种信息进行统一的数字化处理和综合管理。信息技术的综合运用使得多媒体在一定意义上成为信息传递和信息源的有机结合体。

早期的多媒体指语言、文字等传统媒体和各种电子类现代媒体；现在的多媒体趋于小型化和智能化，具体体现为媒体硬件体积变小和软件功能增强、图文音像数字化和信息网络化等方面。多媒体的信息呈现形式多样化（有静态的、动态的，视听结合的），且具有再现性（生动地再现各种信息）、复用性（可以根据需要重复呈现信息）和交互性等特点。这些多维特点既可以用文字或动画虚拟实景过程表现抽象的概念和原理，又可以用声像展现语言运用场景。这种信息呈现和传播方式可以为学生提供多重感官刺激，激发学习兴趣；其多重性特征允许学生根据学习的需要与自己的学习经验和风格选择感知方式。

显然，教师应充分发挥媒体信息呈现的多维性、非线性和交互性的优势，设计与之相应的语言活动，使外语教学由单向知识传授向多维信息传播和交流转变。但同时应注意多种媒体并用时存在的干扰性，避免出现“为了媒体而媒体”的现象。

三、教学媒体选择与运用的原则

教学媒体的选择和运用是教学设计的一个重要环节。目前教学媒体的种类繁多，如何从众多的教学媒体中科学合理地选出适合于具体教学情境的媒体，并有效设计教学过程是外语教育工作者亟待探讨的主要问题之一。我们应在了解教学媒体的特征及功能的基础上，从学生、学习内容和外部条件等方面考虑如何选择与运用教学媒体。

(一) 学生中心原则

要使媒体具有较强的针对性、适应性和实用性，就必须考虑学生因素。因为课堂教学的主体是学生，教学的目的是让学生掌握知识和能力，所以教师需要以各种媒体为载体，设计一些教学活动为学生提供教学内容，让学生去感知、去体验，然后内化成自己的知识和能力。显然，媒体的选择首先要考虑学生主体因素，以学生为中心。

以学生为中心就是要考虑教学媒体对教学对象的适合度。

不同层次、不同年龄阶段的学生对事物的接受能力不一样，选用教学媒体时必须考虑他们的年龄特征、认知能力以及学习偏爱。例如，部分学生好奇心强、生性爱动、注意力不能持久集中，抽象思维能力弱，喜欢直观性强、表现手法简单、图像画面对比度大的媒体。因此，教学媒体的选择，重点应放在如何实施形象化教学以适应学生的直觉思维特征上，应选择能激发他们学习兴趣和好奇心的媒体(如幻灯、投影、模型、录音、图片等)，使他们能出于个人需求积极主动地参与课堂学习，较自然地感知语言。可选用视听觉结合的媒体形式(如投影媒体、录音录像媒体、多媒体等)。学生一般具有较强的逻辑思维能力和自我控制能力，适合用那些表现手法较复杂、展示教学信息连续性强的媒体，如电视录像、语言实验室教学系统等。同时，可以把网络化学习资源和数字化学习过程纳入教学过程，使学生在利用丰富资源、探究问题的过程中生成语言知识、养成自主学习的习惯、培养运用语言的能力。

(二) 有效性原则

由于利用媒体辅助教学的目的是提高教学效果，所以有效性是我们选择和使用媒体的核心。媒体使用的有效性在于有目的地设计不同学习任务和学习活动，借助媒体使课堂教学形成多种互动的语言交流和运用的过程，即改变单一的线性语言信息输出为多维的信息展现、多渠道信息输入、多感官刺激与多形式的语言交流，使学生最大限度地接受语言信息，自然习得语言，从而达到提升教学效果的目的。

要使媒体选择有效，需要注意两个方面。一方面是教学媒体要适应具体的教学目标。教学目标是贯穿教学活动全过程的指导思想，规定着教师的教学活动内容和方式。不同课程有不同的教学目标要求。例如，低年级的英语教学目标主要是培养学生对英语的兴趣和爱好，能进行简单的英语问候、信息交换、角色扮演，并能读懂简单的书面材料等。大学阶段的英语听说课的教学目标是培养学生听懂英语并能得体地用英语表达思想、进行交流。而这些课程的总体目标又要分解成具体的单项技能，并通过具体的单元目标、课时目标来实现。为了达到不同的教学目标，需要使用不同的媒体来呈现和传递教学信息。听说技能的培养可采用录音录像、图画等媒体，反映实际情景的动画和录音语言使学生在具体的语言环境中掌握听说技能。读写能力的提高需要大量印刷媒体和电子媒体呈现的语言材料的输入和输出活动来完成。

另一方面是教学媒体要适应于具体的教学形式和教学内容。教学内容不同，选择的教学媒体会有所区别。每一种媒体都有其自身的特点和优势，适合于某种学习任务或教学活动。例如，对语法规则的掌握可以使学生通过文字讲解和各种实例来形成语法概念。教学中，教师可以利用黑板展示语言结构和语法规则，通过客观的分析和综合练习让学生理解语言的内部结构和使用规则。又如，在文化教学中，可将传统教学媒体（挂图、实物等）与现代媒体（PowerPoint、光盘、录像带、电影片段等）相结合呈现文化信息。现代教学媒体融声音、图像、文字的功能于一体，使内容更加生动形象、富有感染力，学生可以身临其境地感知、理解目的语文化。师范生从师技能的训练可以选择微格教室的设备，通过微格教学（micro-teaching）有针对性地训练某种教学技能（如导入技能、提问技能等）。

总之，依据教学目标和教学内容选择媒体，是教学媒体运用的基本原则。此外，选择媒体时，要注意适时适量。所谓适时就是根据教学内容、教学任务的需要来选择教学媒体运用的最佳时机。在激发兴趣启发思考时和在阐释难点、疑点时，可选择使用合适的媒体展现教学信息。所谓适量就是不能过度使用媒体，如过多的媒体变换反而会减弱学生的学习热情、影响师生间的信息交流和教学效果。值得注意的是，无论哪种媒体，不管其性能强弱，在教与学的过程中都是一种工具，只能起到辅助作用，不能“喧宾夺主”。

（三）可操作原则

媒体可操作控制的程度是选择媒体时不可忽视的方面。可操作性是指资源条件的便利程度。也就是说，学习场所、办学单位提供可利用媒体的方便程度和教师对媒体使用时操作的难易程度。媒体的选择要根据工作单位的资源状况（硬条件和软环境）以及个人利用媒体的能力而定。如果单位条件允许，可提供功能强、性能全且便于操作的仪器设备，如多媒体教学系统、语言实验室等非常有效的外语教学媒体。但并非每个学校都有经济能力储备。有条件的可以用普通语言室或多功能语言实验室上听力课，条件受限的也可以因陋就简采用录音机代替，因为语言知识的获得与技能的提高主要靠大量的语言输入和应用训练，输入只提供了前提条件。

但是，即使有先进的设备，不具备使用的能力和技术同样不能发挥现代媒体的功能和作用。选择时要根据实际情况和具体的教学形式而定。大班上课时，我们应选择能充分展示教学信息的媒体，如扩音、幻灯、多媒体投影、电视录像等；远程教学中，我们应当选择电视广播、网络之类的教学媒体；而对于个别化教学，我们可选择收录机、复读机、微型幻灯等便携式媒体，以便学生观察与模仿。

四、常规教学媒体的设计与使用

学习是感性认识与理性认识相结合的过程。知识一般是通过直接经验和间接经验获得。学习的理想程序应该是直接经验（具体的）向间接经验（抽象）的过渡。常规教学媒体（黑板、图片、图示材料、实物等）能为学生提供直接的感受和真切的体验，使知识的学习简单易懂。为此，教师应充分了解、合理地选择和使用常规教学媒体，从而为学生提供具体有效的学习经验。

（一）黑板的设计与使用

黑板是课堂教学中最常用、最普遍的一种教学媒体。无论什么课程的课堂教学，都离不开板书。它具有现代教学媒体不能替代的优势和特点。合理使用黑板，科学设计板书能给学生提供充分的思维时间和空间，让知识更好地生成和传递，促进师生的互动和交流。

1. 黑板的作用和特点

使用好黑板、设计好板书是课堂教学设计的一项重要内容。板书作为一种重要的教学手段，对教学效果能产生直接的影响，可以起到直观、示范、引导的作用。

板书的直观性是指板书可以把抽象、复杂的内容直观地展示在学生面前，将提炼的教学信息直接作用于学生的视觉器官，产生一目了然的效果。例如，在讲解二语习得理论时，教师可以梳理出某一理论的主要观点，把抽象的理念用图表的形式展现出来，使枯燥乏味的理论直观形象地作用于学生的视觉。这样学生不仅能更好地理解理论的基本观点，而且还能体会其内在的逻辑关系，进行联想和思考，由听讲时的被动接受变成观察过程中的积极思考。实际上，板书的直观性更适用于课堂教学。直观形象的教学信息比单纯语言的讲述深刻得多，更能吸引学生的注意力，激发他们对所讲内容的兴趣，而且条理化的内容便于学生理解和记忆。

板书的示范性是指教师可以在黑板上展示某种规则、进行逻辑推理等等。这一过程本身给学生提供了模仿学习的机会。例如，黑板上的书写示范，可以使低年级的学生了解写字的笔顺和要领以及书写技巧和规则，这是学生形成书写基本功的前提。有的学生从小没养成好的书写习惯，以至长大后还常常出现倒拉笔顺、书写不规范、写字姿势不雅、字迹潦草、字形拙劣等现象。这些不尽如人意的结果完全可以通过教师板书的简单示范来避免。

板书的引导作用体现在课堂教学的全过程。不言而喻，板书设计的目的之一就是引起学生对所讲内容的注意，使他们产生兴趣。教师往往通过板书把一节课的内容梳理出来，按一定的逻辑关系贯通内容结构，形成讲授的基本思路，也是引导学生进入课堂内容重点和难点的路径。实际上，板书不仅能起到引导学生理解学习内容的作用，而且也能引导学生进行理性思考、合理归纳总结。精美的板书设计在传达教学信息的同时还是美的享受和熏陶。

2. 黑板的使用技巧——板书的设计

板书是教师创造性劳动的结果，也是教师风格和教学基本功的具体体现。每个人分析问题、表达思想的方式不同，板书的形式也就会不拘一格。无论用何种形式展现，都需要精心设计。板书基本的设计原则是：条理清晰地展现课堂内容，有效地引人入胜、引发思考，便于学生理解和记忆。不然，就起不到板书基本的梳理贯通作用。实践中，教师一般都是根据教学内容和学生的特点设计板书，把设计好的板书适时再现在黑板上，使之辅助传递教学信息、更好地完成教学任务。

板书通常分为正板书和副板书。正板书是事先设计好的，在讲解的过程中根据教学内容呈现的次序写在黑板上，一般不随意擦掉；它体现了课堂教学的基本线索和主要内容，应以合乎逻辑的方法展示给学生。副板书具有随意性，是教师用来辅助说明的内容。课堂教学的过程中教师突发的灵感和值得深思的片语都可以通过副板书随时写在黑板上启发学生思考，或诱导学生追循讲解思路，或者用以辅助说明正板书的内容。有经验的教师总是认真对待板书的设计和展示，通过板书把教学内容呈现给学生，使课堂教学更加直观形象、生动有趣。

板书展示的时间和形式要符合讲解的内容，要适时展现。由于课堂上的时间和黑板的空间有限，板书应设计得简明扼要、重点突出，具有引导启发性。教师不能长时间呆板地讲解内容，也不能面对黑板满满登登地书写，更不能随心所欲杂乱无章地书写。这些都会不同程度地影响板书的作用，更会影响教师的形象和教学效果。

设计板书时，应力求在内容上提纲挈领，重点突出；文字上简明贴切，清晰表达所讲授的主要内容；在呈现形式上要布局合理、层次分明，达到一目了然的效果；在表现手法上要图文并茂，巧妙生动，多感官作用于学生。例如，在讲解课文时，我们可以采取问题引导式板书，将导入性、理解性、分析性等问题分层次呈现给学生，通过这些基于内容的巧问、导疑、释疑的过程，引导学生积极思考、寻找问题答案、理解语言内涵。

板书的形式可根据教学内容而定，可以用提纲式、关键词语式，还可以用图表 / 表格式或混合式等形式呈现教学信息。最常用的一种板书形式是提纲式板书。提纲式板书概括性强、层次分明，便于操作和掌握。教师备课时将内容归纳总结，以教学内容的内在逻辑关系为主线，提炼出各层次内容的关键句，随讲授的次序逐步书写在黑板上。

关键词语式板书，顾名思义，由关键词语（key words）组成。它简洁易操作，而且可以帮助学生以点带面地掌握教学内容。备课时精选出代表性强、能准确反映讲授内容的关键性词语，讲课时适时写在黑板上即可。词语式板书也可以通过表格的形式清晰地展示，归纳成表格的板书能高度概括教学内容的层次关系，通过并列或对比组合展示两种事物的异同。例如，可以把中西文化的主要特征和汉英语言的差异先用关键词提炼出来，然后再用表格的形式展现在黑板上，使它们的特征与差异一目了然，既能帮助教师讲解，又能帮助学生理解和记忆，同时还有助于师生依此进行交流和讨论。

作为传统的教学媒体，黑板使用简单方便、信息展示灵活，有助于内容的讲授和理解。但是需要注意的是，课堂上不宜使用太复杂的板书。因为黑板版面有限，传递信息的数量和形式都有限。如果教师用过多的时间在黑板上写和画，尤其是长时间背对着学生书写，势必会影响师生的视线交流（eye contact）和学生的兴趣；另外，占用过多的时间也会影响教学进度，节奏的放慢易使学生产生松懈和厌烦情绪。

总之，板书及时性强，教师可随时提取信息随时记下，且可以随着交流的深入调整内容。同时，好的板书能为师生拓展思维空间，引导学生深入思考，启发他们质疑和反思，使其置身于知识形成、知识建构的过程之中，从而在探究的过程中领悟知识的真谛、获得积极的情感体验。这一过程本身就丰富了课堂教学的信息量，增强了教学的互动性和生动性以及知识的生成性。

(二) 教具的设计与使用

教具是一种可以与学习内容产生直接联系，直观性很强的视觉媒体。日常生活中的很多东西（小型实物、图片、图示材料、模型等）都可以根据教学内容的需要作为教具使用。课堂上，教具的使用可使学生迅速形成概念、加深理解。学生的思维正处在由具体形象思维向抽象思维过渡的时期，教师可以就地取材（实物、模型等）选择有助教学的教具，帮助学生理解和记忆。

小型的实物是一种很好的直观教具，可以为学生提供最真实、最基本的具体形象。模型是实物的替代物，可以保留实物的细节和特征、展示内部结构和模拟运动变化过程，帮助学生通过观察来理解某种原理或训练某种技能。实物和模型具有直观、具体、真实的特点，便于观察且能引起学生兴趣。但并非所有的实物都能作为教具供教学使用，有时使用不当还会分散学生的注意力。

在没有直接可用的实物时，可以根据需要，制作一些简单的教具辅助教学。图片就是其中的一种。作为实物、实景的替代物，图片可以展示具体的视觉形象。在无法呈现实景和实物的情况下可以通过图片的形式来感知。图片的优势在于易于获得、便于使用、易于感知。教学中最常用的图片主要是照片和印刷品中的插图。我们可以从各种印刷品中（如书报杂志）摘选一些，略做修整即可使用，也可以就地取材动手做一些简单的教具。例如，可以选择通俗易懂的漫画、广告等作为口语训练的背景材料，引起学生的兴趣并能快速地传递信息，以便组织相应的语言活动。但图片往往画面较小，不利于表现时空和连续变化的过程。

图示材料是另一种直观教具，是指利用各种类型的图画传递教学信息的可视材料，包括示意图、图表、简笔画等。它们可以简单明确地表现事物结构、相互关系、变化趋势等。在表达复杂的逻辑关系时，还可以用图示和文字组合的形式展示教授内容。这样可以条理化教学信息，使抽象的信息具有直观形象的特点，易于学生接受和理解。在讲解结构性知识时，除了用纲要式简洁的文字有条理地理出脉络之外，还可以通过概念关系图清晰地表示概念之间的层次和逻辑关系。例如，在讲授网络课程设计时，可以把设计过程中的多元成分分层次组合，使之视觉化地展现在学生面前；也可以把各种成分间的职责图文结合地展现。

但是，需要说明的是，图示材料是一种视觉符号，无论是简略图（sketch）、设计图（diagram），还是图表（charts）、图解（graphs）都是通过视觉渠道传递信息，教师应使用能保证信息正常传递的视觉形式，以免学生由于年龄小、视觉素养（visual literacy）弱而误解信息。因此，教师应有意识地进行图像创意思维准备，备课时整理教学内容、理清知识结构，将知识内容可视化，把内容和认识转化成可以看得见的图画，使之一目了然。

当然，复杂的图示在课堂制作中有一定的局限性。教师可以充分发挥现代教育技术的作用，将传统教学媒体与现代教学媒体结合使用，使它们最大限度地辅助教学。但是无论哪种媒体的使用，都需要精心地选择和设计。即兴盲目地选择、随心所欲地使用都会有不尽如人意的方面，是需要避免的。因此，在关注教材、学生、教法的同时，教师应选用针对性强的媒体，高度有效地展示教学内容、传递教学信息，从而达到预期的目标，收到良好的效果。

五、电子媒体的设计与使用

现代信息技术的产生与运用使得教学信息的获取、处理和传递方式发生了根本性变化，逐渐改变着传统的教学结构和教学方式。如何将信息技术整合于具体的课程教育和课堂教学之中是我们亟待解决的问题之一。下面笔者就多媒体及网络资源的应用做初步探讨。

(一) 多媒体的设计与使用

多媒体是指由两种以上媒体组合使用的信息处理系统，可以集文字、声音、图像、动画于一体，使多种信息形成动态组合或集成。多媒体信息源具有多维性、交互性和情景性等特点。从教学过程的信息输入看，利用多媒体既可以非线性地呈现和传递文本信息，又可以多维度地再现信息的虚拟实景，还可以进行互动性信息交流。从效果或功能看，多媒体既能多感官刺激学生、加深印象与记忆，又能有效地拓展教与学的资源与空间以及学生的视野。这些多重性特点弥补了传统教学媒体单一信息呈现与传播的不足，使教学内容更加丰富、生动、形象。在教学实践中，我们应充分利用其多重优势，设计与之相应的教学活动，语言环境的创设和语言知识的输入及运用，使外语教学由单向知识传授向多维信息互动传播转变。

1. 运用多媒体，创设语言环境

语境是语言赖以生存和发展的环境，也是语言运用的环境空间，对语言学习至关重要。从含义上讲，语境有狭义和广义之分。狭义的语境是指语言中的上下文语境（linguistic context），即词语或句子所存在的具体话语；广义的语境是指语言的客观环境（context of situation，context of culture），即语言的社会文化背景（哈特曼・斯托克，1981）。从语言学习的环境看，语言环境可分为宏观的语言环境和微观的语言环境。宏观的语言环境是指自然的语言环境（家庭和社会），微观的语言环境是指课堂语言学习环境或氛围。通常，人们可以在自然状态下学习运用语言，即通过各种形式（亲友同事的相处，日常工作交往，各种社会活动的参与等）和多种媒介（电视、广播、报刊等）自然习得语言。

就外语学习而言，学生多缺乏宏观的语言环境的熏陶，教师应精心创设较为真实的语言环境，通过语境化语言输入帮助学生感知、理解语言。语境化输入是指通过创造合适的语境向学生输入语言材料，让学生从语言生成的背景和语言交流的语境来理解语言，从而真正掌握语言的规律、得体地使用语言。

现代化教学媒体，尤其是多媒体集多种功能于一体，图文并茂，声像俱佳，表现力强，能为学生提供大量较为自然真实、生动形象的语言信息以及与之相匹配的情境信息，使学习过程生动有趣；同时可以多层次、多角度地呈现教学内容，对学生视听觉感官形成共同刺激，为其提供必要的学习支持条件，使学生在情境与语言输入之间建立联系，促进他们对知识的理解和掌握。

教师应根据学生的年龄特点、认知水平和语言学习规律，选择适宜的媒体和形式，通过任务情境的创设提供丰富的语言环境，从而使学生获得有用的语言知识和技能。例如，教师可利用视听媒体为学生提供不同场景下的社会活动场面（如生日宴会、野餐、郊游等），让学生身临其境地感知语言的运用，指导学生从立体多维的信息中归纳出适应于不同交际场合的交际规范和表达方式，使枯燥的规则与生动的场景相融合，从而激活他们的语言思维，使其学以致用，在展现自我的过程中学习和运用语言。同样，也可以做观后讨论，通过分析，学生能了解中西文化交际的差异以及原因，以便进行有效的跨文化交流。这样既可以激发学生的学习兴趣，又可以增强其对他族语言文化的敏感性，从而有效地获得语言知识和语言运用能力。

2. 运用多媒体，增加语言输入和运用的机会

英语是一门实践性很强的学科，学习的最终目的就是运用，即利用口头和书面语言进行交流。要想使作为外语的英语得以运用，首先就必须为学生提供足够的、可理解的（comprehensible）语言输入，让学生在感知语言的过程中掌握语言知识，为语言的运用奠定基础。

运用多媒体进行英语教学，能在有限的时间内增加语言的输入量和提供学生实践的机会。网络资源很丰富，教师可以充分利用这些丰富的资源为学生提供真实语料（authenticmaterials），使学生根据自己的需求（兴趣、爱好、程度等）选择相关资料进行超文本自主阅读；也可以采取任务型阅读方式促进学生阅读，即给学生规定一定的阅读量或让学生做阅读后续活动（如，寻找答案、要旨归纳、篇章总结、故事简述等），通过大量的语言接触增强学生的语感和阅读能力。

另外，教师可以利用电子幻灯、投影等媒体展示语言信息及背景，展示时一边放映画面，一边有针对性地进行启发、诱导和讲解，通过画面和声音的有机结合，激发学生积极思维，引导学生理解、掌握语言知识。再者，教师还可以选择电影、电视节目片段提供声情并茂的语言画面，并通过多种播放方式（如定格观看、无声观看、只听不看等）加深对语言信息的领会，同时轻松愉快地感悟语言的真实运用，掌握基本语言知识；并根据特定的情景设计拓展型练习，在情感交流、思想表达的过程中扩大语言的输入与输出量，提升语言运用能力。

文化教学是语言教学中的重要方面。教师可以搜集、存储、编辑相关文化知识，并以多种形式呈现给学生，让他们通过对比中西文化的异同进一步探究文化的深层内涵。譬如利用PPT展示目的语国家文化的不同侧面（如建筑艺术、服饰饮食、文学绘画等）；或者利用影片片段（如Wuthering Heights）、CD光盘（如American Album，Gone with the Wind）等介绍礼仪、节日庆典、民俗等；或者指导学生分析电视节目中的文化内涵；还可以从网上下载与教学相关的社会文化背景材料，将其刻录成光盘，以文化旁白的形式插入课文讲解中。例如，讲解美国政治制度时，可以使用多媒体将共和党和民主党竞选场景呈现给学生，以加深其理解。总之，教师应充分利用先进的教育设施，多维度、多层面地进行社会文化信息输入，以增强学生对目的语文化的感性认识和理解，从而有效地习得目的语、得体地运用语言。

（二）网络资源的设计与使用

随着教育技术的发展，各学校都相继建立了校园网，使基于网络的数字化教学成为可能。网络起初依赖于文字符号传播信息，但随着数字技术与宽带技术的发展，人们很快掌握了对图形图像的编码、复制、修改与传播，使得网络成为无限丰富的语言与影像相结合的信息源。在通信工具普及的今天，人们可以利用信息技术以及相关设施及时丰富网络信息。这种滚雪球式的传播方式使丰富的资源得以不断地涌聚，并实现共享。

网络具有较强的交互性和传播性，体现在人机互动与人人互动传播上。一方面人们可以通过网络的终端（PC 机）从浩瀚的信息源中筛选汇总所需资料和信息，同时也可以编辑、传播信息（包括语言和非语言信息），形成单向互动；另一方面人们可以通过网络中介（如 BBS、QQ、Skype 等）与世界任何地方的人进行实时性（synchronous）或延缓性（asynchronous）的信息交流，形成双向或多向互动交流。这是任何传统媒体都无法比拟的，为语言教育，尤其是外语教育提供了难得的资源与平台。

1. 通过课程网站的建设，丰富课程与学习资源

网络教育资源的建设问题早已受到我国政府和教育部门的高度重视。与传统教育资源相比，网络资源具有开放性、共享性、多形式融合等优点。网络教育资源的建设与开发，可以通过收集相关网络信息丰富课程资源；也可以为学生提供教育资源网站，实现区域不同网站的互访和资源共享，让学生进行网络环境下的自主学习、探究学习和合作学习；还可以通过课程网站的建设丰富课程与学习资源，形成教学互动平台。

学校的双语教学是指在非语言类课程中使用外文教材（主要是英文），用英语或英汉结合的方法讲授专业知识的教学方式。从学科教学来看，双语教学使学科教学的媒介发生了变化，把专业学科教学与外语学习高度融合，既注重专业知识的教学，又关注学生第二语言的习得，培养学生利用外语学习专业知识、进行技术交流的能力。针对双语教学的特点，在设计授课、学习、作业、答疑、测试等诸多教学环节时，采用专用的网络教学模块，以便高效地处理教学模式、授课方式、学习策略、教学评价等方面的问题。平台采用开放的技术，力图架构一个自主、可控、丰富、灵活、开放、交互的教学支撑环境。在所有的模块中，教师和学生模块的功能是相同的，只不过在教师模块中增加了后台管理功能。教师可以随时查看、收集、发布信息，调控教与学的动态。以下是几种教学模块：

(1) 记事本：进行知识管理，学生可记录学习过程中的感受、体会。

（2）信息模块：主要介绍有关双语教学的动态信息（如双语教学政策、双语教学研究动态等）、英语学习资源链接等。

（3）智能答疑系统：包括实时答疑和滞后答疑两种方式。学生需要解答的问题，采用关键词、语义匹配等，查询常见问题库（FAQ）来获得支持，系统对提出的问题进行分析和匹配，自动地、智能地列出答案供学生参考；系统无法解答的问题，将送到答疑室的公共白板上，教师或其他学生可做出适当的解答，并把问题和答案添加到数据库里。系统的完备性与智能性将随着知识库的不断扩充而不断得以扩大。

（4）作业管理系统：分为三个界面——需要提交的作业，已提交的作业，优秀作业范例。需要提交的作业显示教师发布作业的时间、内容以及对作业的具体要求等；已提交的作业模块包括作业批改的信息（教师对作业的评价反馈）；优秀作业范例模块，顾名思义，提供优秀作业，供大家学习参考。作业提交采用无组件上传工具或FTP文件传输方式上传到作业文件夹，系统会记录作业名称及上传路径，教师可以在线浏览评阅。

（5）在线测评考试系统：包括客观性试题和主观性试题。客观性题型由判断系统自动评分，主观性试题需阅卷人评分。学生可以在测评模块自动抽取试题，查看相关题目的在线解释说明，自己评分；考试模块则需教师设置考试时间及判分。教师后台管理分为三个部分发布考试信息、试卷编辑、批改试卷。试卷数据库供学生查询成绩。

（6）师生交互平台：师生交流，除了使用作业反馈、答疑系统外，还可以通过课程信箱交流信息，这样便于实现分组讨论和协作学习。学生充当管理员，制定讨论奖惩制度，教师可以根据实时的需要再添加不同的模块。

（7）辅助学习资源：包括课程教案、论文资源、网站资源板块。课程教案可以下载教师的教案，方便学生的自主学习。教师收集大量的相关论文和网站，供大家查阅参考，以扩充课程内容和知识面、拓宽学生的学术视野。课程网站的建设既可以丰富教学资源，又可以为学生提供自主探究与合作学习的机会和平台，通过网络互动学习、交流，增加学生对知识的感性认识，加强对课堂教学内容的理解，促进探究和解决具体的学习问题的能力。但是网络资源的建设和开发有其自身的局限性，需要一定的外部条件和技术支持，应当整合学校人力、物力资源实现资源共建共享。

2. 通过电子交流，增强师生互动和课程学习

多媒体技术的发展和应用为外语教学创建了一种开放式的教学环境，打破了传统教学的时空界限，使学生能在相对真实的语言环境中感知、运用目的语。教学中，教师应充分运用现代媒体的优势，为学生创设电子交流平台和更多的运用语言的机会。

电子交流主要利用电子布告栏、电子邮件等形式进行人机互动和生生或师生交流，在双向或多向的师生交流中全方位地感知语言信息。具体说来，在人机互动中，学生通过因特网访问网站、进行在线阅读、获取语言信息；同样，师生和学生之间可以通过布告栏、电子邮件进行专项讨论、答疑解惑和思想交流。这种交流方式有助于学生在占有大量资料的基础上最大限度地使用目的语。启发诱导式的语言输入活动以及大量的语言表达使学生可以比较自如地交流思想。互动活动的内容应具有趣味性、实用性和挑战性，且需与学生已有的知识、背景等相关，从而使他们的新旧知识产生联系，形成互为关联的知识网络结构。

除此之外，教师还可以通过个人博客的形式，建立学习交互共同体。博客（Blog）是继 Email、BBS 之后出现的全新的网络交互工具，是以个人为主线的交流平台。

博客一般以日志的形式呈现个人感受与灵感。作为大众化媒体工具，它简单易用，可以作为教学交往园地的延伸，成为教师和学生探讨课程学习问题与困惑的平台。这种形式可以将学生置于较为真实的学习环境和学习共同体中，围绕共同关注的主题，自由发表意见，充分展现自我，形成相互支持的良性互动学习氛围。教师可以通过博客及时了解学生的心声和需求，以对话的形式走近学生，赢得学生的信赖，从而建立平等的伙伴关系。有研究表明，在众多的交往形式（面对面交谈、电子邮件、网络论坛、电话、电子日志等）中，学生把博客排在乐意与教师交往的首要地位。由此可以窥见基于博客的交往在教学中的可行性和对促进学习的作用。

另外，教师还可以通过互动维客（wiki）促进学生的交互式学习。维客是一种超文本系统，是动态的个人或群体协同写作工具。维客往往以一个社区为中心，以知识点为主线进行写作交流。在维客页面上，每个人都可以自由地浏览、创建和修改文本，系统可以对不同版本内容进行有效控制管理。

它体现开放、合作、平等、共享的网络文化特征。所以，教师可以借助这种较为强大的汇聚与沟通手段，运用集思广益（brainstorming）的教学策略进行语言运用训练，使学生在分享知识与信息的过程中，形成语言学习社区，提高语言运用能力。例如，在英文写作时，教师可以将题目贴出，让学生用关键词增添具体的写作内容。在相互启发的基础上，学生再进行自主写作。这样会使他们的写作有依托、有内容，写作任务变得相对容易而有意义。

学生是学习的主体，对自己的学习有更多的发言权，应该参与教学目标的设定和教学活动的设计。教师的作用在于为学生创设有意义的学习环境，不断丰富博客网站的内容，鼓励学生对教学活动进行定期反馈，而学生可以以匿名的方式发表意见和建议。这样，能激发学生参与课程建设的主动性和增进对学习的感悟。另一方面，教师可以根据学生的反馈和教学进展情况及时调整教学方案和教学方式。总之，学生可以从集体的智慧中吸取养分，在思想碰撞中产生火花，成为促进学习的力量源泉；同时丰富个人学习经历，体验共同成长的经验，在互助中提升外语水平和能力。

第四节　英语教学评价设计

一、评价与教学评价

评价是课程实施的保障。只有通过评价才能判断教学目标是否达成；只有通过评价才能发现教学中存在什么问题；只有通过评价才能改进教学，促进学生的发展。评价是教学设计的重要组成部分。那么，什么是评价？什么是教学评价呢？

(一) 评价的内涵

自从泰勒提出评价的理念，评价已经从描述、判断时期，进入了建构时期，有关评价的看法一直在发展。评价不再是测试的代名词，而是被视为一种价值判断过程，一种特殊的认识活动，是揭示世界的价值、建构价值世界的认识活动。评价的目的在于揭示主体与客体之间的价值关系，也就是说，价值客体满足价值主体需要的程度。

在外语教学评价中，学生、教师、社会等都是价值的主体，又是评价主体。价值客体指教学行为、学习行为、评价方式以及学生的语言应用能力。评价所揭示的就是教师的教学行为是否促进了学生学习行为的变化，学生学习行为的变化是否促进了其语言应用能力的提高，是否促进了其综合素质的发展，评价方式是否能够促进教学行为和学习行为的改进，是否能够评价应有的语言应用能力，学生所具备的知识和能力是否是其自身发展所需要的知识和能力，是否是社会发展所需要的知识和能力，或者说教学和学习是否培养了社会发展所需要的语言素质，学生是否具备社会发展所需要的综合素质。从这层意义上讲，评价的客体不是学生，也不是语言能力和学习过程，而是这些价值客体满足价值主体需求的程度。

（二）评价、评估和测试

评价离不开评估和测试。评价和评估是两个经常混用的理念，有的人认为两者可以互换使用，但是大部分学者认为，评价和评估所指不同，侧重不同。评估（assessment）指评价信息的收集过程，指对学生语言学习的过程、结果、能力等各方面的数据的收集，而评价（evaluation）是对评估信息进行解释和判断的过程。评估指通过多种渠道收集有关学生学习过程以及语言能力、态度、参与、认知发展等方面的信息，借以促进教学和学习，而评价是在评估基础上分析数据对教学和学习的总体的价值作用。

传统的评价把测试作为主要的信息采集工具，有时甚至是唯一的工具。但是，评价所依据的信息不只来源于测试，测试也不过是评估的工具之一。

（三）教学评价的内涵

根据评价的内容以及目标的差异，课程中的评价分为学习评价和教学评价。学习评价的目的在于促进学生的发展，判断学生是否具备了应该具备的能力，而教学评价以改善教学、促进学习、促进教师的发展为目标，指通过对教师教学行为有关资料的分析对教师教学所做的价值判断。

从教学设计的角度出发，这里采用教学评价的理念，指教学中对学生学习行为、教学效果、课程目标达成情况的评价，而不是专指对教师行为的评价。具体到课程教学，教学评价指课堂教学过程中对学生的学习行为、学习效果、目标达成等方面进行的评价。

二、形成性评价

(一) 形成性评价的作用与形式

尽管真实性评价已经获得了很大的发展，基础教育英语课程标准和英语教学要求都提倡形成性评价，提出形成性评价与总结性评价相结合的评价方式。因此，目前人们所提倡的形成性评价已经不再是判断时期的形成性评价，形成性评价被赋予了真实性、表现性、发展性、动态性、多元性等特征。总之，只要是在教学过程之中，在学习过程之中的评价都被视为形成性评价。

1. 形成性评价的作用

形成性评价具有过程性评价、表现性评价、真实性评价等众多评价的特征。这种方式具有诊断促进功能、反馈激励功能、反思总结功能和记录成长功能。研究发现，形成性评价有利于促进学生语言技能的提高，有利于学生综合素质的提高。

(1) 诊断促进功能

形成性评价发生在教学的过程之中，可以帮助教师分析学生是否具备了某种图式，是否掌握了某种策略，是否具备应有的语境基础；可以帮助教师分析学生是否真正掌握了知识点；可以帮助教师分析学生不参与的原因。比如，听力之前的评价活动可以帮助教师诊断学生的图式，学生的已有听力水平，学生已经掌握的相关词汇和语法，以及学生的听力策略；听力中的形成性评价可以帮助教师判断学生是否明白，可以帮助教师分析学生明白或不明白的原因，为教师调整教学安排服务。

(2) 反馈激励功能

评价的目的在于诊断、激励和促进。通过形成性评价学生可以看到自己的进步，如果学期中教师能够安排学生进行自我监控性评价，比如通过成长记录袋的方式，学生可以看到自己学习的历程，看到自己的一步步发展，从自己的成长中获得激励，学习就变成了一个自我鼓励的良性循环过程。

(3) 反思总结功能

形成性评价可以为学生提供反思自己的学习过程，反思自己的学习效果，反思自己学习策略的使用等方面的参考。但是，要保证形成性评价反思总结功能的实施，教师通过形成性评价所提供的不能只是分数，更多的应该是组织学生对自己的学习行为、使用策略、学习效果进行分析，并且引导其寻找原因，总结得失，以便制订下一步的学习计划。

(4) 记录成长功能

学生需要看到自己的进步。进行总结性评价时也有必要参考学生在学习过程中的表现，而要提供这些相关的数据就必须开展形成性评价。教师可以组织学生记录自己的表现，每一堂课的表现，每一单元的表现，都可以帮助学生构建电子档案袋或者手工的成长记录袋。这样不仅可以为形成性评价提供数据，也可以为总结性评价提供数据。

2. 形成性评价的形式

形成性评价的实施形式很多，常见的有以下几种：

(1) 课堂观察

课堂观察指对学生学习行为表现的观察，是质性评价的一种方式。教师可以观察学生的行为表现、态度变化、参与情况、任务完成过程与质量。课堂观察有助于分析学生课堂上的各种行为、教师的各种操作，为完善教学设计提供依据。

观察前教师要根据课堂教学目标确定观察的内容，选择观察的对象与观察的方式，拟定观察量表，以保证获取有效的信息，促进课堂教学的开展。

(2) 评价量表

评价量表是一种比较有效的评价工具。量表的使用使评价更加可靠、公平，可以节约时间，诊断学生的优势与不足。评价量表可以帮助教师分析学生听力课中的表现，分析学生感到听力困难时可能存在的原因，既可以帮助学生反思自己的学习，又可以为教师安排下一次听力教学提供依据。

(3) 师生交流

建构主义学习理论使人们看到学生在学习中的主体地位，在评价中的主体地位，看到了课堂教学过程中形成性评价所具有的互动性。与传统的课堂评价不同，课堂教学中最有力的评价方式不是测验，不是量表，不是观察，而是对话，师生互动和生生互动。课堂教学中的师生对话可以帮助教师诊断学生的学习情况，发现存在的问题。

(4) 座谈

座谈包括与学生的个别交谈和组织学生开展的学生会议。比如在项目学习过程中，教师可以定期召开学生会议。首先各小组介绍自己的项目安排和计划，其他小组同学提建议。在接下来的会议上，各小组可以汇报项目开展情况，通过小组讨论完善自己的项目操作。与一般的座谈不同，这种学生会议的目的不是了解学生的情感态度、学习困难、对教学设计的看法，而是通过学生会议监控项目学习，评价项目学习，从而通过项目学习促进学生的发展。

(5) 问卷

问卷是常用的数据收集方式，可以在教学的任何一个阶段实施，甚至是在课堂教学中实施。问卷比较灵活，可以用于调查学生的知识、观点、态度、意识，也可以调查学生的行为。虽然问卷调查用于教学的过程之中，只是事件后行为，难以成为事件中行为，但能对以后的教学活动产生一定的指导意义。

(6) 测验

测验是检查学生对知识和技能掌握最常用的评价方式，主要用于评价学习的成果而不是学习的过程。形成性评价中测验只是用于诊断学生学习的情况，为下一步学习提供参考。也就是说，形成性评价中的测验本身只是用于诊断和促进，而不是用于评定、甄别或选拔。测验所反馈的不能只是学生在测验中的成绩，而应该是通过测验所反映出学生已经掌握的知识和技能，还未掌握的知识和技能，帮助其分析原因，为下一步的教学设计提供参考。如果把形成性测验结果纳入最终成绩判定之中，那么测验就不属于形成性评价范畴。

(7) 成长记录袋

成长记录袋（portfolio）是学生作品的系统收集，可以用于描述学生的进步，展示学生的成就，评估学生的状况；可以用于总结性评价，也可以用于形成性评价。根据档案袋中记录内容的不同可以分为成果型记录袋和过程型记录袋。成果型记录袋主要记录学生的优秀作品，作为总结性评价的参考。过程型记录袋通常包括学生的问题、说明、草案、草稿、修改稿、最终产品以及对作品的自我评价，用于监控、调整与发展。

记录袋要发挥应有的作用必须让学生参与作品的选择，并让他们对作品进行自我反思。要让学生反思他们所选择的作品，不仅要在指导中明确提出要求，还应当让学生填写一个简单的表格，借以促进学生对选择内容的反思。

(8) 学习日志

学习日志指学生学习历程的档案记录，主要用于记录学生的学习行为。学习日志可以由学生自己制定，也可以是教师给出模板，但是记录由学生自己完成。要使学习日志发挥作用，有必要通过模板的方式规定学习行为，这样学习日志所承担的就不只是记录的功能，而是起着十分重要的监控功能。

(9) 自我提问单

自我提问单多用于自主学习能力的培养。由于其可以用于监控学生策略使用，因此，也可以用于形成性评价，由学生自己监控自己的学习，通过自我提问单发现自己学习中存在的问题，看到自己的进步。

(10) 自主学习任务

作为对学生课外学习的监控和评价，自主学习任务是一种非常有效的工具。比如对学生自主听力的评估可以要求学生呈交每天听力的记录，可以是听过的资料的记录，也可以是根据学习方案完成的听力任务。与单元测试相比，自主学习任务能够保证学生的参与，配合学习行为的监控和评价，能够有效促进学生的发展。

(二) 英语教学形成性评价的设计与实施

1. 形成性评价设计

(1) 评价标准设计

要实施形成性评价首先必须明确形成性评价的标准。与总结性评价不同，形成性评价的标准是变化的，是过程性的，在不同的学习阶段评价标准是不同的。要设计形成性评价的标准首先必须根据教材内容的特点，结合学生的具体情况将教学分成几个阶段，然后确定每一个阶段计划达到的目标。这样，形成性评价标准就有诊断性评价标准、形成性评价标准和目标达成评价标准。这若干标准构成一个由低级到高级的评价阶梯。

(2) 评价过程设计

这里的评价过程不是指具体一次评价的过程，而是指根据教学的安排设计在什么阶段开展评价，开展什么样的评价等。

就课堂教学而言，评价可以出现在学习之前，学习之中和学习之后。学习之前开展的评价为诊断性评价，学习之中的评价为过程性评价，学习之后的评价为目标达成评价。每堂课都会由若干活动组成，分别处于不同的学习阶段、不同的认知层次。每个活动都应该有对应的开展情况的评价，然后根据评价的结果调整下一步的教学活动安排。这样一个比较理想的教学设计就应该体现评价后的活动调整。

(3) 评价内容设计

不同的评价阶段评价标准不同，评价的内容也不同。根据认知发展规律，评价的内容可以是从知识到理解，从理解到应用，从理解到分析和综合，最后再到评价。听力如此、阅读如此，词汇语法也应该如此。如在阅读之前的诊断性评价中可以是背景知识的掌握情况，可以是策略的熟悉情况，也可以是词汇和语法的理解情况。在阅读过程之中，评价的内容可以是信息的辨认，信息的转述，信息的应用，可以是逻辑的理解，逻辑的判断，逻辑的重组，可以是归纳推理，词义猜测，主题理解，信息应用，策略应用和语言应用。因此，教师在设计评价时一定要分解课堂教学的过程，根据教学过程的要求设计评价内容。

(4) 评价方式（活动）设计

不同的评价内容需要不同的评价方式。如果评价的内容是理解能力，可以采用选择、匹配、正误判断、排序、逻辑识别等形式。如果评价的是应用能力，就要设置新的语境，让学生在使用某种语言结构、某种策略等的前提下应用所学解答问题，完成任务，那么，评价就应该采用提问、讨论、课件制作、演讲、表演等方式。如果评价的是学生的参与，则可以采用问卷、量表、反思性问题的方式。

(5) 评价反馈设计

如何利用反馈信息决定着采用什么方式反馈评价结果。反馈有定量和定性两种。一般情况下课堂教学中的评价多采用定性的方式描述学生的表现，也可以采用定量的方式，如通过对问卷和量表数据的统计以数量的方式呈现评价结果。反馈的方式还包括采用即时反馈和延迟反馈，教师反馈和学生反馈等。在设计评价时必须明确如何获取评价信息，获取什么样的评价，如何呈现评价信息，由谁向谁呈现评价信息。

2. 形成性评价的实施

要在教学中实施形成性评价首先必须制订形成性评价计划，构建形成性评价机制，对形成性评价进行元评价。

(1) 制订评价计划

评价是有效教学的保障，要实施有效的评价首先必须制订评价计划。教师首先应该具备评价的意识，将评价纳入自己的日常教学之中，在学期开始就必须明确如何开展日常学习的形成性评价，如何开展课堂教学的形成性评价。作为一个教研室、一个学校，必须有适用于全体学生的评价计划。计划要明确评价的标准、评价的内容、评价的方式，明确评价的具体安排以及反馈方式。

(2) 构建评价机制

形成性评价计划的实施需要评价机制作为保障。这就要求学校构建评价的管理系统，组建评价共同体，形成评价制度，拥有一个完整的评价体系。缺乏良好的评价机制，课程就难以健康发展，就难以保证科学的教学设计，难以开展有效教学。

(3) 元评价

元评价即“评价之评价”，是对评价的结构、过程、结论及其反馈进行全面、系统的评价，以修正评价结论、改进评价活动的过程。根据元评价与被评价活动之间的关系，元评价可分为过程性元评价和终结性元评价两种。过程性元评价与被评价活动同期进行，而终结性元评价发生在形成性评价、终结性评价等评价活动之后。要保证形成性评价的有效实施就必须对形成性评价进行评价。

元评价主要评价形成性评价在评价标准、评价方式、评价内容、评价操作、评价结果使用、评价效果等方面是否符合形成性评价的要求，形成性评价是否起到了应有的诊断和促进作用。如果没有，问题是什么，形成性评价的哪个环节存在问题需要改进。如果缺乏元评价机制，形成性评价的有效性则难以保证。

三、总结性评价

(一) 总结性评价的常见形式

总结性评价是一种结果性评价，是在某一相对完整的教学阶段结束后对整个教学目标（或学习目标）实现的程度做出的评价。总结性评价通常发生在课堂教学结束、单元结束和学期结束，以及学业结束时进行，用于确定教学目标达成的程度。

总结性评价常用工具不同于传统意味上的终结性评价，属于目标达成评价的范畴，目标不同则评价的方式不同。对知识掌握的评价与技能掌握的评价不同，对理解能力的评价与对应用能力的评价不同。有的可以采用表现性测试，有的可以采用真实性任务，有的可以采用档案袋等形式。总的说来，总结性评价采用的多为表现性工具，如作品、作文、绘画、成长记录袋等，除解释性练习可采用选择以外，总结性评价所采用的都是构建性的表现性任务。评价既采用分数制，也可采用等级评分。

1. 正误判断

正误判断可以作为总结性评价的一种形式，一般用于评价信息辨认能力和信息理解能力。正误判断不只是让学生判断所给陈述是对是错，也可以通过调查问卷等的方式呈现。

2. 匹配

匹配可以评价的内容很多，可以是知识，也可以是理解；可以用于听力、阅读、词汇、语法。可以匹配的内容很多，可以将段落与主题匹配，段落与大意匹配，可以将论点与支撑细节匹配，可以将人物与其经历匹配，也可以将人物与其观点匹配。但是在设计总结性评价活动时要遵循真实性原则，也就是说，判断这种匹配的形式在现实生活中有无发生的可能，匹配是否是评价的唯一方式或者是最佳的方式，否则没有必要采用匹配的方式。

3. 选择

选择不是不能用于总结性评价，只要是能够评价所评价的内容，就可以采用选择的形式。在设计选择问题时要考虑到现实生活中是否有可能通过选择的方式呈现对某种信息的应用。比如，如果听力是有关公园约会的对话，当约会方去公园时就会面临判断所看到的环境是否与电话中一方描述的一致的问题，就会面临在众多的环境中做出选择的问题。这样，对理解能力的一种评价就可以设计让学生从若干图片中选择对话中所说的约会地点的形式。

类似的现象可以发生在阅读中，如果阅读的是使用说明书，就可以让考生判断所给操作是否正确，让考生选择路线图，或让考生选择正确的操作程序。

4. 图表填充

图表填充属于信息提取问题，评价的是学生获取信息和转述信息的能力。根据不同的材料，图表的表现形式很多，可以是流程图、地图、表格等。

5. 建构性问题

所谓建构性问题指需要学生组织语言表达自己的理解、表达自己观点态度的问题。根据问题所设计的内容，建构性问题可以是信息辨认问题、态度判断问题、信息分析问题、信息利用问题、观点评价问题、策略应用问题等。

建构性问题可以是封闭式的，也是可以开放式的，一般情况下以开放性问题或者是讨论题为多。论述题主要用来测量概念化、建构、组织、整合、关联和评定观点等方面的能力。如：

“Suppose an English gentleman comes to you to ask the way to Tian’an-men Square when you are walking around Beijing Foreign Languages Institute, tell him how to go to Tian’an men Square.”

“Search the library or surf the Internet and make a poster or webpage about a Chinese food.”

6. 真实性任务

真实性任务是评价一个学生语言应用能力最直接的方式，通过学生在任务中的表现可以推断其完成类似任务的能力。

听力、阅读、词汇、语法、写作等方面能力的评价都应该贯彻真实性原则，保证材料、活动目的、人物角色、任务形式的真实。要评价学生是否能够听懂指令，是否能够正确运用指令，就应该让学生根据指令做出反应，或根据具体的情况给出指令。

7. 项目

项目同样可以作为总结性评价的一种手段。与其他活动不同，项目要求学生小组合作完成一个现实中的任务，并且做出某种产品，如板报、网页、模型、话剧、视频节目、谈话节目、调查报告等。

（二）测试的试题设计与施测

测试是最常用的总结性评价方式，也是目前人们最信赖的评价方式之一。测试中试题的设计是评价效度、信度和公平的保证。要实施有效的评价，有必要了解试题设计的基本规范。

1. 试题设计的程序

一套完整试题的设计一般要经过以下六个程序，即确定测量目标；确定行为目标；拟定测试内容细目表和试题规范细目表；选择测试材料，设计测试题目，制作试卷；施考和成绩报道。

一般说来，测量目标指的是新课程标准中规定的学生通过基础教育阶段的学习，或通过高等教育阶段的学习应该达到的能力目标，包括知识目标、技能目标、文化目标、策略目标以及情感态度目标。测量目标相对抽象，必须转化为行为目标才能够测量。行为目标是测量目标的具体体现，一般用可观察的行为动词描述。但是，行为目标一般应该采用概括的表达方式，并不包含具体表现形式，不过行为目标必须能反映出考生行为表现的类型，或者行为表现的水平。如：获取重要的事实信息、理解对话中的隐含意思、归纳对话的主旨大意的能力。

考试内容规范表一般要包括测试的测量目标与行为目标、测试涉及的内容领域、题型和题量等内容。将这些内容具体化就可以得到试题规范细目表。试题规范细目表一般包括学科、测试的测量目标和行为目标、内容领域及要求、题型、样题等内容。

试题内容细目表制定之后，就可以根据试题的要求选择材料，再设计试题。试题设计之后必须进行预测，通过预测计算试题的效度和信度，根据预测结果调整试卷的结构，再施考。试题的成绩报告可以采用分数形式，也可以采用等级形式。

2. 试题材料的选择

要保证试题的质量，材料的选择十分重要。一般来说，材料的选择应该注意以下几点：

(1) 材料要与测量目标以及试题欲测量的行为目标相关

测试结果解释和使用的效度完全取决于测量目标的实现程度，而考试测量目标的实现程度又依赖于每道试题是否能够引导考生表现出试题要测量的行为。因此，试题的材料选择是否能够评价要评价的行为目标将直接影响测试的效果。

(2) 材料应该与考生的学习经历和生活经历相适应

英语与其他材料不同，语篇材料设计的主题以及领域范围很广。如果所选材料是考生所不熟悉的，那么影响考生表现的因子就不只是考生能力因素，材料话题和范畴也可能使测试很难保证应有的效度和公平。

(3) 材料必须来自真实生活

如果测试以评价学生完成现实生活中的任务为目标，那么就应该选择现实生活中的真实的语言材料，或者模拟现实生活中的语言材料，或者是根据现实生活中的语言材料进行改编的材料。现实生活中的真实材料，尤其是听力材料可能会存在诸多非语言的外在因素，从而影响学生的理解。测试应该保证学生的表现源于对材料自身的理解，而不是其他因素，如果学生不能理解，材料本身应该是唯一的影响因素，而不是外在环境等因素。

(4) 材料必须为新信息

所谓新信息指测试不能完全照搬学生读过的、听过的或者学过的材料进行测试，否则考查的不是学生的理解和应用能力，而是学生的记忆能力。但是，新信息不等于超出学生认知范围的知识，否则不能评价学生的图式建构能力。

(5) 材料的呈现方式应该多样化

材料的多样化表现在各个方面。一是材料形式自身可以是文字材料，可以是图片材料、图表材料，可以是音频材料，也可以是视频材料。二是听力和阅读中几个材料在话题、主题、体裁等方面也必须表现出多样化。在满足评价标准的要求基础上，应尽可能呈现不同题材、不同体裁的材料。

3. 客观题的设计

客观题指有固定答案的问题，包括选择填空、匹配、图表填充等，其中选择题是常用的题型。设计选择填空时应该注意以下几点：

(1) 每个问题只能有一个测试点，不能设计多层面的选择题。

(2) 保证每个选择题的答案是唯一的。

(3) 题干与选项难度要一致。

(4) 题干要提供足够的语境。

(5) 题干中可能重复出现的单词不要出现在选项中。

(6) 题干中应避免泄露答案。

(7) 阅读和听力选择题题干不能使用材料中的原词。

(8) 题干提供的语境只能有一种解释，不能有歧义。

(9) 干扰项自身应该是正确的。

(10) 干扰项应该有放入题干的可能性。

(11) 选项长度要均衡。

(12) 干扰项考点分布要均衡。

(13) 选项未必都是四个选项，选项的多少可以根据问题的要求而定。

4. 主观题的设计

随着真实性评价和交际测试以及真实性测试理念的发展，主观试题，尤其是任务型测试开始被运用到越来越多的试卷中。

主观题经常用来测量比较复杂的行为目标，如：

(1) 辨认或汲取相关信息的能力和表达相关信息的能力。

(2) 分析归纳或分析说明材料的能力，包括文字、图表、数据和关系材料。

(3) 解释各种关系的能力。

(4) 应用概念或原理解决问题的能力。

(5) 提出、组织和表达观点的能力或用事实、资料支撑观点的能力。

(6) 陈述推理的能力。

(7) 设计试验或调查程序的能力。

(8) 提出假设的能力以及对资料进行分析论证或驳斥假设的能力。

(9) 对论点或观点进行评价的能力。

简答题、论述题、写作等都属于主观题的范畴。多数主观题没有固定答案，因此需要有一个明确的评分标准。在制定评分标准时应该注意以下因素：

(1) 根据试题要求选择整体评分还是分项评分。

(2) 评价的行为特征应该与测量的行为目标一致。

(3) 分项评分中每个项目应该只包含一个独立的行为特征。

(4) 要明确评价的行为特征等级数量。

(5) 对评价的行为特征要有明确的定义。

(三) 总结性评价与形成性评价的有机结合

实际教学评价中，大部分评价都是形成性评价与总结性评价的结合。当评价数据用于调整教学以满足学生的需求，或是学生用于改善自己的学习方式时，评价就是形成性的；如果评价数据用于学位证书或问责，那么评价就是总结性评价。在日常的教学设计中，要想取得理想的评价效果，形成性评价就必须与总结性评价相结合。

1. 在形成性评价中开展总结性评价

形成性评价的内容很多，其中之一就是阶段目标达成的评价。从目标达成的角度出发，评价就具有总结性。因此，在开展阶段性的目标达成评价时可以采用总结性评价的方式。在开展听力、阅读、交际、任务和写作教学之前所开展的诊断性评价也属于总结性评价的范畴，因为所评价的是学生已经具备的知识和技能。

要在形成性评价中实施总结性评价，首先必须明确阶段性教学目标，根据目标需要设计评价活动。其次，由于发生在教学过程之中，评价所采用的方式一般情况下不同于常见的总结性评价，尤其是不可能采用测试的评价方式。多数情况下所采用的是与教学过程吻合的教学活动。

2. 总结性评价借鉴形成性评价的操作

发生在不同阶段的总结性评价操作方式不同。虽然课堂结束时的评价是总结性评价，但是相对整个单元教学，相对整个学期的学习，却属于形成性评价的范畴，一般不能采用测试的手段，而是把课堂结束时的最后一个活动，或者是最后阶段的某个活动作为课堂教学目标达成评价活动。根据课堂目标的不同，评价可以是对知识掌握的评价，对概念理解的评价，对技能运用的评价，也可以是对情感态度等方面的评价。

单元评价以及学期结束时的学业评价是传统意义上的总结性评价。但是，要保证总结性评价的正面促进作用，而不是负面的反拨作用，总结性评价不能机械地模仿目前存在的各种考试体系，因为没有任何一个考试体系能够评价课程应该达到的所有目标，也没有任何一个考试能够真正评价一个人的综合应用能力，尽管我们的平时教学都在培养这些能力。因此，要保证总结性评价的效度，就必须采纳形成性评价的操作方式和形成性评价中的活动形式。

第三章　英语分层教学管理

第一节　英语分层教学概述

一、英语分层教学的概念

（一）分层教学

分层教学又称分组教学，就是按照学生已经掌握的知识基础和学习能力水平，把其分成基础与水平相近的小组，再经过教师的分类指导，得到最好的进步与发展。分层教学强调的是学生的现有知识经过分层次指导后，所有学生在各自的基础上都得到了提高。分层教学的主要模式有：分层走班模式和班内分层目标教学模式。分层走班模式是按照学生知识和能力水平分成层次，组成新的教学群体，保留原有的行政班，只是在上有些科目时，按各自的程度到不同的班级去上课；班内分层目标教学模式是保留行政班，但在教学中，从好、中、差各类学生的实际出发，确定不同层次的目标，进行不同层次的教学和辅导，组织不同层次的检测，使各层次学生都得到充分的发展。

（二）英语分层教学

英语分层教学是指在英语这门课程的教学过程当中，根据学生英语语言的不同基础，在教学方面体现出层次性，模式方面要科学合理化。教师根据各个基础水平相适应的教学目标和教学方案使用不同的方法讲授适当层次的教学内容，合理地配置教学的资源，实行弹性化和动态化的管理，调整教学的运行机制并实施不同的评价模式，使每一个学生在各自的英语基础上得到进步，大面积、高效率地提高英语教学效果。

二、英语分层教学的基本理论

(一) 最近发展区理论

最近发展区（zone of proximal development）理论（又叫作“潜在发展区”）是苏联心理学家维果茨基提出的。他认为每个学生都有现有的发展水平和潜在的发展水平，这两个水平之间的差距就叫作最近发展区，也可以被称为一个人最大的潜力，而这个潜力是自己无法独立完成的，需要他人或环境的帮助才能提高。该理论认为，教育的关键在于不断寻找和激发学生的潜能，因此教育的重要目标就在于教师要充分了解学生的差异，依据学生不同的学习方式、能力、潜力、兴趣、思维方式等，提供差异化的教学，满足学生的不同需求，提高学生的最近发展区，启发学生的智力，达到教学上由易到难、逐步加深、螺旋上升的原则，使教学发挥最大功能。

根据最近发展区理论，教学的最佳效果只有在最近发展区才能产生，因此教学设计上要给予学生一定的难度和施展空间，让学生不断在学习中体验到努力一下就能达到的小成就和更多努力达到的更大成就感。但是又不能超过学生的最近发展区，使学生产生畏难心理与挫败感，也就是人们常说的要让学生有一种“跳一跳摘桃子”的成就感，才能真正发挥学生的学习积极性。

(二) 优势视角理论

优势视角理论（strengths perspective）是一种关注个体的内在力量和优势资源的视角，该理论认为所有人都具有内在的学习、成长与改变的能力，是社会工作领域广泛认可和使用的一种全新的工作理念。依据知网关键词“优势视角理论下的成人英语学习”检索，优势视角理论大量用于各类社会工作研究领域，语言学习领域的研究屈指可数。本研究跳出以往传统的多重教育学与心理学视角研究问题的理论范式，同时从社会工作的优势视角理论出发研究成人英语学习的问题与解决方案，将重心与焦点从以往关注成人学生英语学习存在的问题与缺陷的视角转向善于发掘和利用学生自身优势的视角，即关注和相信人都可以改变，都具有利用自身资源解决问题的力量。因此在教学实践中更注重聚焦个体所具有的优势和资源，进而有意识地发掘和培养个体潜在的能力，并通过不断挖掘其优势，使其增能，形成自我持续成长与改变和解决问题的能力，从而通过增权赋能激发个体的内在潜力，提高个体的自我效能[①]，在学习上形成自主学习的习惯和终身学习的能力，使自身不仅在语言上更在其他方面获得持续发展的内在驱动力。

（三）掌握学习理论

20世纪60年代，美国教育心理学家布鲁纳提出了“掌握学习”（Mastery Learning）的理论，认为只要教师在教学中能为学生提供足够的学习时间与相应的帮助，超过95%的学生都将能够掌握基本的知识并取得优异的成绩。但是由于每个学生的学习能力各不相同，他们完成一个项目所需的时间与帮助也不同，因此掌握学习理论强调学生的个体差异，这为分层教学提供了理论基础。

这一理论相信人人都能学习并强调以下三点：第一，学生具备必要的认知结构是掌握学习的前提，学生原有的认知结构决定对新知识的学习与吸收，因此在教学前期教师应对学生进行诊断性评价，确定其先决技能、先决态度与先决习惯等，从而使教学适合学生的需求与背景；第二，学生积极的情感特征是“掌握学习”的内在因素，他认为学生成功学习一门学科与他的积极情感有较高相关，同时教师能否注意并满足学生的情感需求对学生的和谐发展具有重要意义，因此教师应尽可能让每个学生都在自己原有的基础上感受到学习的成功与快乐体验，从而形成成就感并最终形成强大的学习内驱力；第三，反馈—矫正系统是“掌握学习”的核心，他认为掌握学习的实质就在于在群体教学中不断给每个学生所需的频繁的反馈与个性化的矫正帮助，从而使每个学生都能得到及时的个性化的特殊帮助。

掌握学习理论是一种乐观主义教学理论，主张只要能找到帮助每个学生的个性化差异化方法，真正实现因材施教，那么从理论上讲所有的学生都能克服学习上遇到的问题与障碍，因此教师要首先对每个学生的学习潜能与发展潜能充满信心，并通过对学生的深入了解给他们提供理想的差异化个性化教学。由于这样的教学理想是建立在教师对学生个体的深入了解的基础

① 周晶晶，耿俊华．赋权增能：成人教育发展新视角 [J]. 成人教育，2016(6)：2-3.

上，因此在实践教学中需要耗费大量的时间与精力，因而对于大班教学的基础教育，尤其是国内的大班化教学来说，很难真正落到实处。

(四) 教学过程最优化理论

苏联著名教育家、教育学博士尤里·康斯坦丁夫·巴班斯基（1927—1987年），把现代控制论、系统论观点用于教学论研究，提出教学过程最优化的理论，即“以最小代价取得相对最好的教育效果”。该理论强调教学是一个系统的过程，每一个因素，每一个环节都是相互影响并制约着最终的教学效果的。因此教师要系统设计课堂教学中的每一个环节，例如教学内容、方法、手段、任务、评价、师生互动等并使之相互配合，达到课堂教学过程的最优化目标与最优教学效果①。

第二节 英语分层教学管理的现状

本节以A院校为例，阐述英语分层教学管理的现状。

一、分层教学目标现状

A院校根据学生的成绩和基础和教育部对英语教学的要求，分别对A级、B级、C级的学生在词汇、语法、阅读理解、听力理解、口头表达、书面表达等各项能力提出了具体的教学要求。

A级学生主要进行分析英语语篇、讨论扩展问题、赏析语言案例等，使学生逐步提高对所学语言知识的掌握能力和语言的实际运用能力，具备一定的口头与笔头表达能力，强化和提高学生的英语语言交际能力和综合运用能力。而B级学生则要以语言基础为主，逐步达到教学基本要求，为以后的学习打好基础。对C级学生主要培养英语学习习惯和学习兴趣，注重语言的基础，尤其是听说能力的入门和训练。通过对英语语音、字母、词汇、习惯用语、语法、对话和语篇的学习，逐渐具备一定的口头与笔头表达能力，

① 韩晓顶．教学过程最优化理论在继续教育课堂教学中的应用[J]. 中国成人教育，2019(9)：47-49.

获得基本的英语交际技能，树立跨文化学习的意识。

二、分层教学对象现状

A 院校按照外语系英语分层教学目的与要求，除了英语专业学生和本科预科学生之外，其他所有学生进行整体分层分班，实施英语分层教学。分层编班的主要依据是学生的英语高考单科成绩。

三、分层教学内容现状

英语分层教学的教材选择以实用为主，够用为度的原则，结合近几年学院英语分层教学的实践和摸索，以符合学生和教学要求为基础，各个层次和阶段选用了不同教材，以便于更好地适应学生，进行分层教学。

任课教师和 A 级学生对教材的满意度较高，认为教材符合学生的实际学习水平，难易程度适中，通过学习，学生能够很好地掌握学习内容并能够提高各方面的语言能力；B 级学生对教材基本满意，但是大部分学生反映阅读教材（《应用型大学英语人文素养阅读教程》）太难，在三个模块的教材使用上，教师和学生认为精读和听说教材非常符合学生的能力要求，但是阅读教材词汇量大，语句结构上较难，阅读起来比较费劲，也不能很好地运用阅读技能去完成阅读材料，大部分时间都在查字典；大部分 C 级学生不太满意教材，认为教材内容多，进度快，跨度大，学习任务重，到大二就跟不上了。

四、分层教学模式现状

A 院校根据非英语专业学生的高考入校英语成绩，把学生划分为 A、B、C 三个层次。普通类学生按英语平均成绩以上的分到 A 级，平均成绩以下的分到 B 级，所有双语类学生（藏族学生）分到 C 级。

英语分层教学是以模块化的课堂教学与课外自主学习相结合的教学模式。课程总学为 20 个学分，分四个学期修完，每学期 5 个学分，是以 4 加 1 的模式完成。其中 4 个学分是综合学习成绩（包括教师授课下的各个技能的学习成绩），1 个学分是评定学生的自主学习的成绩。每学期课堂教学时数有 60 学时，课外自主学习时数不少于 30 学时。

分层教学英语对应的课程名称为《大学英语 I》《大学英语 Ⅱ》《大学英语

Ⅲ》和《大学英语Ⅳ》。

根据分层教学目标和长期的实践，学院及时调整了教学模式，原来的整个学期以英语综合课程教学为主，课后要求学生完成阅读和听说练习为辅的教学形式，现在A级B级调整为4+2+2+2的模式。即4学时的综合课+2学时的听说课+2学时的读写课+2学时课外自主学习时间。所以每学期共90学时，其中60学时为教师辅导下的课堂教学时数（40学时进行综合英语课程的教学，10学时听说课，10学时的读写课)，30学时为教师引导下的学生课外自主学习时间。C级调整为2+2+2的教学模式。即2学时的综合课+2学时的听说课+2学时课外自主学习时间。所以每学期共90学时，其中60学时为教师辅导下的课堂教学时数（30学时进行综合英语课程的教学，30学时听说课)，30学时为教师引导下的学生课外自主学习时间。

五、分层教学方法现状

A院校在分层教学中，根据学生的英语基础所制定的目标与要求是不一样的，因此教学过程中要从各层次学生的实际英语语言基础出发，采用不同的教学方法，设计不同的教学活动，来适应各层次的语言水平，所以教师在制订教学计划、备课、授课及布置作业等活动都考虑学生现有的英语知识层次和语言基础。如：A级要以自主学习为主。教师在课堂上开展活动时，先给学生布置任务，然后启发诱导，通过讨论，培养学生的发散思维，不但要完成教学任务，而且重点在于如何提高学生的语言运用能力上面。B级要重视学生语言基础技能的训练，采用的教学方法主要是精讲多练、以旧带新。在课堂上教师帮助学生梳理和巩固学过的知识，做好归纳和总结，再教授新内容。C级的教学方法采取先慢后快，培养学生英语学习的兴趣，打好基础。C级的听说课主要由外籍教师授课，保证语音语调的准确性，为以后更进一步的英语学习做好准备。同时在各个层次的教学中要实施分层次作业以更好地辅助完成各个层次的教学内容，使学生在各自的英语能力上取得进步。

六、分层教学评价现状

英语分层教学改革是否成功，是否能够促进和提高教学质量，教学评价起到指导和监控作用。合理客观的教学评价可以反馈教师教学效果的好坏，以便及时调整教学方法以提高教学质量；可以反馈学生学习情况是否优良，使学生改进学习方法、调整学习策略以提高学习效率。对教学管理部门来说，教学评价可以总结分层教学管理是否合理有效，以便做出及时调整，保证分层教学顺利实施。

A 院校英语分层教学评价体系采用的是过程性评价和终结性评价相结合的评价方式。规定学生的总评成绩是由平时成绩（30%）加期末考试成绩（70%）构成，也就是形成性评价占 30%，终结性评价占 70%。

平时成绩来自学生的出勤、课堂表现（课堂上的发言与讨论等）、学习态度、作业等各种学习活动和任务所给予的评定。学习态度与课堂表现可以体现和衡量学生课内外的学习情况。

考试内容根据 A、B、C 三级各自的教学目标与教学内容，结合主、客观题，分层次命题。根据层次，试卷出题标准如下：A 级试题主要考查学生对主要语法、语言点的掌握的同时，还要考查学生是否能够活学活用，解决实际语言问题的能力。B 级试题要求考查学生英语基础知识为主，主要语言点是否已经掌握。C 级试题要求考查学生最基本的词汇、语言点和基础语法内容，目的在于对知识点的巩固上。同时鼓励学生参加全国学生英语竞赛、英语四六级考试等各种考试，以考核促教学。

第三节　改进英语分层教学管理的路径

一、学生管理方面

(一) 重视学生的思想疏导

1. 提高学生对分层教学的理解与认识

英语分层教学的形式和运行方式应该随录取通知书一并发送给被录取的学生，使新生及早了解，思想上有所准备。高考中英语没有考好的学生可以利用暑假复习，以提高英语的各项技能，避免分层不公平的情况出现。

2. 做好学生的思想疏导，把握好三个时间段

第一个时间段是在学生刚入校的时候，在尽可能短的时间里，介绍学院英语分层教学模式，帮助学生了解大学的结构、课程设置、管理、奖惩等情况，明确英语学习的目的。作为学习的主体，要把握学习的主动权，找到学习方法，利用图书馆和网络中的各种文献资料，充实自己[①]；学生进入学校后，自由支配的时间较多，反而不知道该怎么学习，所以在这一段时期内应引导学生学会科学地使用时间和制订合理的学习计划。

第二个时间段是在第一学期中期，英语分层教学班级的学生进入学校之后，对学习和生活需要适应，需要进一步了解他们的学习状况，所以在这学期开展座谈会、师生教学交流会等，及时地引导和端正他们的学习方法和态度。充分强调学生要培养主动学习及提升综合应用能力的重要性。引导学生意识自己才是学习的主体，要学会从被动渐渐变为主动，成为学习的管理者，逐渐摆脱对教师的依赖。教师在这学期一定要培养学生的自主学习能力，尽快适应分层教学的模式，以便提高学生学习质量和提高学生课堂学习效率。经过了几周的大学学习、生活，学生对分层教学的感受颇多，开展一些活动，如：座谈会、师生教学交流会等是必要的，积极了解学生对分层教学的看法及适应程度。收集学生的意见和建议，及时地反映给代课教师，使教师能够根据学生的具体情况，改进教学方法，适当地进行教学上的调整，以确保分层教学能顺利有效地进行。

第三个时间段是在第二学期初，开展学生英语学习经验交流会，总结学习经验。可以是以行政班级主题班会的形式，也可以是分层班级，由任课教师组织，也可以是以英语教研室进行组织全院各个分层班级学生代表进行座谈等形式。经过一个学期的英语学习，有些同学并没有掌握良好的学习方法，以至于成绩并不理想，给他们带来了心理上的压力；有些同学想在学习上取得更大的进步，渴望与学习成绩好的同学进行交流。因此，开展这类活动可以交流科学的学习方法，缓解压力，调整好心态，以便在以后的几个学期中更好地投入学习。

总之，思想引导是重要的，学生要能动积极地配合分层教学工作，教师除了具备扎实的专业基本功外，还要表扬和鼓励学生，尊重学生，建立和

① 叶宏．大学新生适应性教育研究 [D]. 天津师范大学，2008.

谐分层教学氛围，保证以学生为中心的课堂教学模式的顺利实施。

（二）树立对学生人性化的管理理念

师生关系的和谐融洽是保证教学顺利进行的关键因素之一，教育归根结底是要在一种新型的师生关系下，教师和学生在和谐、愉快的氛围中教授和学习。英语分层教学本来是一种复杂错综的教学工程，因此，良好的师生关系是分层教学顺利进行的润滑剂，需要教师和学生双方积极主动地去改善和维护。

教师的地位和作用随着社会的发展也在发生着变化。建立在平等、民主观念上的新型的师生关系需要教师了解学生的情感、态度、意向，调整好在教育教学中的角色，努力成为学生的指导者和好朋友。同时学生也要积极与教师交往沟通。[①] 除班主任和专业课教师外，英语教师本来就没有多少和学生交往的时间，学生要与教师多交流、多求教，建立顺畅关系。上课积极配合教师教学，完成教师布置和安排好的各种作业和学习任务，在完成过程中，如果有困难，及时与教师沟通，虚心请教。学生的学习进步了，与教师的距离缩短了，与教师间的感情也就增加了。在双方积极配合的教与学形势下，学生取得进步，教师也受到鼓舞。

英语代课教师在组织课堂教学的时候，还需要考虑如何让这个班级重新组织成一个有凝聚力的、朝气向上的新班级。

选举分层班的新班长和学习委员，帮助负责分层英语班级的教学管理工作。

在课堂上，进行课堂讨论的时候，有意识地把不同系别、班级的学生放在一起进行讨论；虽然大学的课堂上，学生是自由选择座位，但是在我们分层班级的课堂上，教师可以根据学生的系别、班级有意安排座位，安排讨论小组，使学生尽快融入新的分层班集体里。

在留课外学习作业的时候，也可以把任务分派给不同系别和班级的学生，让他们组织在一起完成等。提供学生课后联系的机会，丰富他们的课外生活，使他们相互了解、相互帮助，使分层课堂更加和谐。

---

① 杜红妮．构建和谐学校人际关系初论 [D]. 华中师范大学，2006.

(三) 加强分层班级的管理

学院经过许多年的实践与改进，建立了立体化的双重管理模式：英语教学的主管领导，教研室负责人，任课教师和学生形成的“四位一体”，行政班级与分层教学班级的双重管理。

教研室通过常规检查和听课等形式，对英语分层班的任课教师的教学进行检查，通过发放调查问卷，召集学生和教师座谈会等，了解教师的教学情况和学生的学习情况，客观地总结调查结果，并真实地反馈给主管领导和教师本人，上传下达，发现分层班级中出现的问题，做好协调与指导，及时帮助任课教师管理好英语分层班级。

担任英语分层教学的教师一方面进行英语知识的传授，另一方面负责分层教学班级的管理，需要选拔出授课分层班级新的班长和学习委员来协助管理。英语分层班级的学生受到行政班级班主任和英语任课教师的双重监督与管理。

二、教师管理方面

(一) 转变思想，正面引导

教师的思想也要加以正确的疏导，尤其是青年教师，明明自己的专业能力很强却被安排教授英语，甚至是层次较低的 B 级或 C 级，感觉不被重视，心里有落差。甚至是有些领导认为公共外语是低水平，专业英语才是真学问的这种看法是不对的。因此，应该让教师认识到，“分层次教学”并不是对教师能力“分等级”。这种教学模式是为了更好地尊重学生的个性发展，体现“以人为本”的教学形式，实现不同层次的学生在学习上的最大化进步、最优化教学。所以，无论是专业知识还是教学技能，对英语代课的教师要求不但没有降低，反而提高了。尤其是对英语分层 B 级或 C 级上课的教师，授课内容虽然简单，但是如何课堂管理、组织教学、把控学生以及如何提高教学质量等方面要求很高。

(二) 加强对教师分层教学的校本培训

英语教师的校本培训能够帮助教师尽快掌握分层教学的正确有效的方法。英语教师普遍存在的问题是课时多，教学任务重，压力大，科研能力差，教学经验与专业知识联系不够紧密，要想改变英语分层教学难、促进英语教师的共同发展，学院需要开展校内培训活动。校本培训要结合民族地区学生的特点和基础，开展以学生为中心，采取灵活多样的教学方法，可以从以下几方面进行改进：

(1) 英语开设的两年四个学期，根据各个学期不同的教学内容，改变相适应的教学形式。第一学期，以打好形式基础为主。可以采用传统的语法、词汇、翻译教学方法，复习已经学过的旧的语法知识，讲解单词的构词法，帮助学生尽快扩展词汇量；第二学期，以培养学生的阅读能力为主。教学中增加一些阅读技巧和适当写作技能的训练。阅读能力的好坏直接影响各类英语过级考试，也影响英语的学习效果；第三学期，以培养学生英语语言的运用能力为主。教师要加大写作技能的讲解和训练，加大对语篇分析的力度。举办各种英语学习活动，积极鼓励学生参与，如英语角、英语讲座、英文影视赏析、英美国家名著阅读交流会、英语口语竞赛、英语歌曲大赛等。邀请外籍教师参与指导，充分发挥外籍教师的积极作用。为学生和外籍教师的交流搭建平台，使非英语专业的学生有机会与外籍教师交朋友，切身感受和学习英美文化。同时多讲解英语修辞的运用，逐渐让学生感受到英语语言的优美，注意了解英美等外国国家的文化背景知识、风土人情习俗。最后一学期，以培养学生的自主学习为主。教师作为学生学习的引领者，将课堂教学的中心转向学生，教师只是教学活动中的组织者和管理者。学生学会自我监控学习过程，自我评价学习结果，养成自主发展的学习习惯。所以教师要调整好教学方法，正确引导。

(2) 在教学过程中，教师尽量做到教学形式多样化，内容立体化。把课堂教学和课外自主学习紧密结合起来，既重视课堂教学，又重视课外活动训练，并为学生布置明确的学习任务，监督学生每个阶段的学习。

(3) 在分层班级内建立学习合作小组。学生在学习上的差异是无法彻底消除的，教师要利用这种差异和学生的性格特点，在分层班级内部组建合作学习小组，促进师生之间、同学之间积极互动的关系，小组各成员之间互助弥补，创造合作学习的氛围，互相帮助，这样既改善了分层班级学生之间的关系，也促进了教学。

(4) 课堂教学的方法要适应英语分层的教学要求。A 级要以创造性学习为主，给学生学习空间，自由发挥。课堂上采用讨论式和启发式，设置任务，开展活动，突破重点、难点。B 级重视基础技能训练，采用精讲多练，循序渐进，帮助学生把学过的旧知识进行梳理、归纳、巩固，以旧带新。C 级重视基础知识的积累，采取先慢后快，由浅入深，培养学习兴趣。根据教学模式，C 级的听说课主要由外籍教师授课，保证语音语调的准确性，加强语音教学。

(三) 稳定师资队伍

提升教师素质，稳定教师队伍，积极引进人才，是关系整个学院和系部发展的战略问题之一。

1. 实施人才强校战略

推进机制创新，创造宽松的人才进出、流动环境，吸引外来人才，稳定利用好现有人才，不但要培养人才，更要能留住人才。

2. 完善教师资源配置机制

一要创造条件，支持教师在职深造，提升教师队伍素质，改善现有教师的学历、职称结构。二要加强教师职业道德建设，坚持德才兼备，以德为先。三要打造良好的科研环境，鼓励和扶持教师科研工作，储备更多的科研成果。四要优化分配激励机制，奖励与处罚并存，以奖为主，以罚为辅，全面提高优秀人才的工作积极性和主动性。

3. 建立健全人才激励机制

按照三个“有利于”，即“有利于合理流动、有利于向教学倾斜，有利于调动积极性”的原则，改革校内津贴分配方式。加强师资队伍建设，做好人事工作是一项系统工程，也是一项长期任务，要充分调动各方面的积极性，各部门协作配合，形成教学工作上纵向和横向的畅通，确保各项政策措施落到实处。要按照生活上关心、工作上关爱、思想上关怀的原则，着力改善和维护教职工的切身利益。以人为本，使教师在和谐、友爱的工作环境中工作、学习。

(四) 提高教师专业素质

提高教师专业素质，促进教师自身的专业发展，为英语分层教学的顺利进行提供优良的师资保障，促进分层教学的全面、健康发展。

1. 丰富专业知识，提升专业技能

如果英语教师专业知识扎实，教学技能娴熟，知识面广阔，就能够更好地教授学生英语技能知识，还能拓宽学生的视野，激发学生英语的学习兴趣，或许还能影响学生以后的专业选择或工作选择。所以教师需要入职后继续学习，有终身学习的理念，虚心向其他教师学习，结合自身的实际，通过自修或培训等形式，加强专业知识的积累，提高自身的文化修养，更新自己的专业知识，使学习形成一种内在需要和习惯。同时，要积极参加各种学习活动，探索教学方法，教师在工作中必须不断学习，具备较为扎实的语言功底，提高和发展专业知识技能。

教师利用网络等信息技术，为学生搜寻各种教学资源，创设各种教学情境，指导学生自主、协作学习。在当前信息化时代，英语课程与现代教育技术相结合。借助网络利用好精品课程的示范辐射作用，促进教师专业水平的提高。学生学习英语的积极性有时候也受到授课教师的影响。

所以，随着时代的发展，社会的进步，英语教师不仅需要掌握英语学科知识和教育学专业知识，更新自身的知识体系，而且要更加了解现代教育技术知识，拓宽学科视野，提升综合专业技能。对于教师，尤其是广大青年教师，才能很好地把控分层教学。

2. 构建教师团队，整合师资资源

建构新老教师的合作团队，以老带新，以新促老。每一个英语教师作为个体在语言的听、说、读、写、译等能力方面各有所长，教学经验与教学心得不尽相同，各有侧重。所以，应将教学团队进行整合，让新老教师在教学实践中互补合力，教学经验上交流对接，专业发展才能得以提升。

构建经验型教师和理论型教师的合作团队，实现教学与科研共同进步。教学与科研是相辅相成的，教师中，有些擅长实践研究，总结经验，有些教学理论扎实，阅读广泛，普遍存在理论与实践不能很好地结合以推进教学与科研的现象。所以为了方便教师间教学经验的相互交流，应以教研室为单位，组建教学团队；以学科、专业方向为标准，组建科研团队。有些教师擅长做研究，而有些教师有丰富的教学经验，把理论的观察者、评估者和理论的接受者、实践者组建成一个科研团队。这些教师可以利用各自的优势，通过横向的实践互助和纵向的理念引领，结合理论与实践，在教学实践和科研活动中迅速成长，确保研究的现实性和实效性。逐步提高英语教师的整体科研水平。

三、其他教学管理方面

(一) 建立合理的分层依据

为了解决分层依据单一的问题，使分层更加合理化，既要参考学生高考入学的英语科目成绩，又要参考学生入学后英语分层考试水平测试的成绩，还要尊重学生个人的意见。

新生入校后，应该参加英语分层考试，通过由外语系提供难度和题量适中的试题，包括对听力、阅读、语法、写作等技能和知识的水平测试，测试新生真实的英语水平。学生根据自己的实际情况、学习目标和对英语的喜爱程度，可以申请到自己愿意的层次去学习。

例如，某院校分层教学在形式上是分 A、B、C 三个层次进行教学，但实际上普通类学生只分了 A 级 B 级两层，C 级都是藏语类学生。高考入学成绩高低差悬殊，英语成绩最高分 123 分，最低分只有 12 分 (以 13 级学生入学成绩为例)，分层时只根据高考英语成绩的平均分划分出 A、B 级 (平均分以上为 A 级，平均分以下为 B 级)，同一个课堂的学生的英语基础差异悬殊的现象仍然存在，不利于教师选择相应的教学内容和安排教学活动，为英语课堂教学带来一定的困难。

因此，在以后的分层教学中可以尝试把普通类学生由两个层次细化到三个层次，按高考英语成绩可以分成：前 30% 的分为第一层，中间 50% 为第二层，后 20% 为第三层。从划分的比例段来看，同一个比例段的分数的差异不是很大，学生基础差异也不大，真正体现了分层的意义。

藏语类学生，也就是 C 级学生，根据他们在中学里的英语课程开设情况和学习情况，可以把英语基础较好的学生或者有一定基础的学生划分为一层，把英语基础薄弱的学生或者没有基础的学生划分为一层。或者把成绩较好的学生划分到B级，这样学生的基础差异的距离拉小了，教师也能更好地实施教学。

所以，在学生自愿报名的基础上，根据学生的高考英语成绩和入学测试成绩进行调整，做到个人意愿和实际情况相结合。

（二）健全动态管理机制

分层教学要根据学生的学习进度和总评成绩以及学生个人的意见和任课教师的建议，对各个层次的学生实施动态的滚动制度。如B级的学生在一个学期中，英语成绩迅速进步，学习能力快速提高，那么这个学生在下一学期可以调整到A级，以调动学生学习的积极性和主动性。如果被分到A级的学生在学习上出现进度慢，有困难，不能适应A层次的学习时，可以根据学生的要求和教师的建议调整到B级。这样可以照顾到所有学生，调整学习进度，适应学生的学习能力，体现人性化，做到适时、适度。

学生均可根据自己的英语水平参加等级考试，如全国学生英语四级考试等，不限制报考的时间。成绩合格的学生，可申请英语课程的免修，选修其他语言类课程或者专门用途英语等课程，实现英语分层教学鼓励机制动态化、合理化、科学化。

（三）完善课程管理体系

处在一个崭新的时代，各行各业都需要发展全面的优秀人才，因而要大力发展专门用途的英语教学。英语在这个时代仍然是衡量一个人的标尺，专门用途的英语课程成为各个专业的必修课。所以，学院可以将原先两学年的英语课程的教学调整为第一学年学习英语基础课，第二学年开设与专业相关的专门用途的英语课程。在第三、四学年可以开设为选修课，实现英语学习四年不间断。

（四）改善和充分利用教学设施

虽然教学资源是有限的，但是可以使现有的教学资源使用率达到

100%。学院所有的多媒体教室都排给大学分层英语班级使用。在资料方面，除了学院图书馆以外，学院外语系增设了英语读书资料室，所购书籍趋于英语专业化，除了一些考试辅导方面的书册外，还有如西方英语国家的社会历史、文化传统、社会习俗社会制度、经济变化等英语书籍，充实了英语学习的资料。

教学的硬件设施也在逐年完善，学院需要配置更好的硬件设施，功能齐全的软件系统，搭建网络教学平台。学生可以在校园网的任何一台计算机登录英语网络教学系统，实现让网络化外语学习无处不在，便于学生的学习。在新的计算机和网络的英语综合教学模式下，其一，实现传统教学与网络教学的整合，两种教学优势互补。其二，学生可以在听、说、读、写、译等各个语言技能都得到训练，尤其是听、说方面。其三，实现无纸化考试，提高工作效率。所以，教师要充分利用现代信息技术，采用计算机和英语课堂相结合的教学模式，促进和发展学生个性化学习与自主学习能力。建设英语网络化教学平台，改进教学方法和教学手段，与时俱进，跟上时代的发展和全国英语教学的步伐。

(五) 加强各部门之间的相互协作

学院英语教学系和教务处以及其他学生所在系部的协调工作是英语分层教学顺利进行的保障。教学系的教学秘书和教务处主要负责教学的管理人员及其他系部的教学秘书之间的沟通，以便及时地将与学生的信息相互传达。主管大学分层教学的教研室与任课教师之间要处理好关系，以便能够顺利地对教学进行管理、监督。教研室要做好分层班级学生的信息库，以便及时传达到教务处和各个学生所在系，保证对学生管理的顺畅。学院教室管理中心、后勤服务中心、图书馆、校园网络管理中心等各个部门间要加强沟通，相互协作，保障分层教学的顺利进行。

(六) 建立合理的教学评价体系

实施课堂教学延伸“五个环节”，增加学生自主学习的时间和空间，根据专业特点制定课堂教学延伸环节的实施细则。[①]

① 甘肃民族师范学院课堂教学延伸“五个环节”的实施办法(试行。

具体实施办法有：

（1）课程预习。根据各单元的学习内容做好预习。主要以课堂问答、抽查笔记、标注、预习报告等形式随机进行检查。

（2）课程作业。课后习题作业、技能测试、小论文等，可安排纸质作业、网络电子作业等。辅导答疑不少于 2 次 / 学期，可采用个别答疑、集体答疑、网络答疑等方式。对未按时完成作业或作业不认真的，教师安排其补交或重做；对抄袭作业的学生以缺交作业处理；对无故缺交作业超过布置作业量 1/3 以上者，经教师督促仍未补交者，取消其考试资格，按未修处理。

（3）课外阅读。根据课程列出阅读内容、阅读书目、经典视频、论文和专利等，并对学生提出具体的要求。

（4）课外讨论。教师要组织成立课程讨论小组，制定详细的讨论内容。可采用分散随堂讨论和专项集中讨论的形式，以辩论、汇报等方式，在课堂、录播室、课外等场所进行。

（5）中期考核。考核形式灵活多样，以随堂测验、试卷考试、小论文等组织形式，采用笔答、阐述、操作、比赛等答题方式。

评价的主体应该是学生，学生作为主体就会对自己学习过程进行反思，了解自己在哪方面还不够，知道自己的优点和缺点。在形成性评价当中，有教师对学生做出的评价，有学生的自我评价和学生之间的互相评价三个方面。学生不仅看到一个简单的分数，会为自己的学习负责，而且学生的相互评价起到了相互监督，相互影响的作用，使成绩更具有客观性。

另外，在教师的评价中，为了避免教师个人的评估技巧和态度问题，应该建立学生学习档案，记载学生在各个学期内与学习相关的所有内容，如考试成绩、平时出勤、课堂表现、作业等。教师可以更客观地评估学生的学习过程和结果。即便是不同学期授课教师不同，都可以根据学生的学习档案，了解到学生的学习情况，掌握学生的学习基础，给予不同的指导或帮助，更好地制订计划和教学方案。

第四章　基于网络环境的英语教学管理

第一节　基于网络环境的英语教学的特点

一、实现教育资源更大限度的共享

在教育信息化快速发展的今天，互联网带给我们的最大的好处就是教育资源共享。一提到教育信息化，我们立刻就会想到校园网、网络图书馆、网上远程教学等。因此在多数人的概念中，教育信息化等同于硬件的配置。在教育信息化的初级阶段，很多学校非常重视网络硬件的投入和建设，比如建立多媒体教室，开设校园网、建设语音实验室等。网络中的资源丰富多样，在互联网中可使用的资源的数量远远超出课件和媒体素材的范畴，教师要加强英语教学内容的建设，增强英语的教学效果，就可以通过教育资源共享中心获得各种宝贵的数据库、课件、教育信息、学习资料等，也可以下载教学软件，甚至可以通过英语教学平台和学生共享教学成果。学生也可以充分地利用教育资源中心，选择适合自己的学习阶段和学习内容，开展英语的自主学习，不受任何时空限制进行获取和分享。这样既可以避免资源的分散和流失，又可以实现教育资源最大限度的共享。

二、更加有利于实施个性化教学

传统的英语教学仍然是沿袭多年的教师讲课学生听课的形式，教师授课的内容与方式比较固定，学生也较固定，没有考虑到由于地区差异、学习习惯等原因造成的学生英语水平的差异。同一套教材、同一种教学方法用于不同水平和层次的学生身上，没有很好地贯彻“因材施教”的教育原则。相比之下，网络环境下的英语教学能够很好地解决这个问题，实现个性化教学。所谓个性化教学，就是教师在教学过程中，尊重每一个学生的个人价值和未来发展趋势，考虑到每个学生的个性差异，最大限度地培养和开发他们的潜能，使学生在遵守普遍性原则的前提下，真正实现自己的特殊性发展，有效地按照自己的行为和思想用英语自如地进行交际。在教学活动过程中，教师和学生之间的关系是和谐融洽的，是处于平等地位的。这时候的教师不是高高在上，而是在平等的基础上与学生进行良性互动，同时鼓励学生在这种和谐的教学环境中也积极开展良性互动，最终实现学生英语应用能力的综合发展。此时，学生成为教学主体，所有的教学活动都是围绕着如何提高学生的英语综合能力而展开的。因此，英语教师要在网络环境的帮助下，灵活采用各种教学方法与手段，用现代网络技术启发和引导学生进行自主学习，帮助学生逐步提高英语水平。

进行教改的学校大多建立了英语网络教学平台，这种以现代网络技术为基础的平台使师生在教学过程中可以充分地进行交流与互动，实现一对一、一对多甚至多对多的口语、听力训练，极大地弥补了传统课堂教学重阅读轻听说的不足。比如，学生可以利用多媒体技术，根据自己的水平和实际需要随时播放或复读课文，不断进行模仿跟读和语音对比，及时纠正不正确的语音和语调。同时，网络学习平台提供的资源库又给学生提供了不同层次不同水平的阅读、听力以及口语材料，为学生提供了适合他们的资源，很好地解决了不同层次学生间的需求矛盾问题，丰富了英语的教学模式，优化了英语的教学过程，突破了英语教学时间、空间、教材内容的限制，真正地贯彻“循序渐进，因材施教”的教学理念，为英语个性化教学提供了丰富、直观、实用的语言环境。

三、丰富了英语教学的模式

随着多媒体和网络技术的不断发展，互联网在英语教学中的重要作用日渐凸显。多媒体网络技术能将图像、声音、文字等一并展现在学生面前，有利于情境创设和知识获取。很多学校根据学生学习需求和实际应用的情况，创新了系列具有代表性的英语教学模式。目前常见的有三种模式。最具代表性的是教师在课堂教学中使用多媒体课件进行教学的模式。在这种教学模式中，教师在课堂上播放英语课本的电子课件，同时对内容进行讲解，课堂教学仍然以教师为中心。这种教学模式内容涵盖较广，容量大且丰富生动，用声音、图像等刺激学生的感官，激发他们积极思考，发现问题，解决问题。第二种学习模式是网络环境下学生学习研究型的学习模式。这种教学与学习模式是现代英语课程改革的发展方向，是网络环境下学生进行有效的英语学习的必然需求，它要求学生选择适合自身需要的材料和方法进行学习。学生通过亲自对网络学习系统进行操作，主动获得所需的知识和信息，逐步提升自主学习能力和科研能力。研究型学习有利于培养学生独立学习的习惯。第三种是利用现代网络技术实施的探讨学习模式，这种模式基本上是在课堂之外进行的。在互联网上进行探讨学习模式的方法有许多种，常见的有电子邮箱（E-mail）、电子布告牌系统（BBS）和 QQ 聊天，现在又出现了微信等网上聊天工具。这种系统具有用户管理、实时讨论、语音对话、用户留言、电子信件、群聊天等诸多功能，作为年轻人，学生愿意接受新鲜事物，所以这种学习模式也受到了他们的普遍欢迎。

四、有利于满足学生自主学习的需求

学生是一个朝气蓬勃的群体，在年龄和心智上都趋于成熟，自我意识较强，具有强烈的求知欲，是接受新鲜事物较快的一个群体。他们在大学期间渴求扩大自己的知识量，同时，也希望获取的知识是最新的，具有时效性和新颖性。在学习过程中，他们不满足于传统的课堂教学模式和教师单一枯燥的知识灌输，尤其是在英语学习过程中，学生更需要快捷地获取大量的知识，从听、说、读、写、译几个方面全面地进行学习，需要阅读大量的语言材料，进行科学灵活的语言训练，特别是口语和听力训练。而传统的课堂教学模式无法满足学生的需求。多媒体网络教学最大的优势是信息资源丰富，获取方式便利。因此，只有在网络环境下进行英语教学，才能使英语教学与时俱进，更好地满足学生的英语学习需要，满足社会对人才的需求。网络资源可以丰富和拓宽教材、教参的内容，获取最新的信息，使得英语教学更加贴近生活，更加丰富多彩，更加实用有效。学生在学习过程中只需要轻轻点击鼠标，就可以找到适合自己的学习内容，也可以从一个主题内容跳转到另一个主题内容，轻松地实现语言知识的链接。在网络教学过程中，学生还可以自主选择各种测试，同教师互动，及时解决自己学习中出现的问题；同时也可以和学生进行互动，互相交流，互相学习。网络教学环节使学生能够灵活地在不同教材内容、知识点上自由地浏览、学习、复习，极大地满足了当代学生英语自主学习的需求。

第二节　基于网络环境的英语教学现状

一、网络环境下英语教学取得的成绩

自从开展英语教学改革以来，网络环境下的英语教学取得了一定的成绩，在理论和实践上为今后的英语教学模式的探索和创新提供了依据。一些已经实施了教学改革并且取得了一定效果的学校积极学习和利用建构主义理论，运用现代网络技术，构建了新型的英语教学模式、评估模式和监控模式，在教学中加入了现代信息技术教学手段，充分合理地利用网络和多媒体辅助教学，强调与学生的互动教学，改变了英语教学传统的“一言堂”“满堂灌”的教学形式，以学生为中心组织课堂教学内容，扭转了教师的角色，确立了“以教师为主导，学生为主体”的教学模式。同时，在评价方式上，也改变了传统的“一张试卷定优劣”的局面，创新性地形成了“过程性评价与终结性评价相结合”的新型评价方式。

（一）构建了网络环境下的个性化互动教学环境

英语教学的目标是培养学生英语综合能力，即听、说、读、写、译的综合发展。目前，由于学校扩招，各学校学生数量剧增，英语实行小班授课在实际操作中确实有一定的难度。以某学校为例，每年学校招收的本科新生有5500人左右，如果按照标准的小班上课，即按最大量每班36人来计算的话，就有152个班级。而一个年级组的教师大约为25或26人，按照这样来计算，每位教师要承担六七个班级的教学工作量，也就是说一周至少要上24—28节课，无法保证教学质量。此外，由于教室数量的限制，也不可能几个年级同时实行英语的小班教学。在这种情况下，有的学校推行英语读、写、译采取大班授课，而听、说课程则实行小班授课，并将形式多样的课堂授课和学习策略指导下的学生网络自主学习有机结合，提出“传统课堂教学＋网络自主学习＋小班优化辅导＋第二课堂”的“四位一体”的全新英语教学模式。部分学校还依据不同的专业要求，根据新生入学水平测试成绩或者高考英语

分数实施分级教学，将学生分为英语一级、二级、实验班等几个层次授课，配备不同的教师，使用不同的教材，创建了“课内 + 课外 + 校园 + 社会”的英语学习与实践拓展模式。学校还开展了丰富多彩、形式多样的与英语相关的校园文化活动，如创办英语角，开设英语调频台，举办英语演讲比赛，举办学生英语竞赛等，利用课内与课外全面优化英语学习环境，拓展英语学习与实践的空间，提高学生的英语实际应用能力。

(二) 实现了网络环境下英语教学的多元目标

在提倡素质教育的今天，英语因其内容的多样性在培养学生多元化素养方面具有得天独厚的优势。作为一门语言课程，实现交际功能是英语教学的目的，它能更好地体现“以学生为中心”的教学理念。多元教学目标的实现，包括三个方面，即语言综合能力的培养、综合认知能力的培养、多元文化素养。而网络环境恰恰能够提供多元化的学习素材，更利于提高学生听力和口语的应用能力，通过自主学习和交互式学习，培养和提高他们的英语交际能力。

实践证明，进行教改的学校都能认真严格地制定出有自己特色的英语教学大纲，突出“听、说、读、写、译”的综合训练，尤其重视英语的交际功能，扭转了以往学生只看不读、只听不说的局面，构建了一个从简单到复杂、从单一到综合的以应用型教学为主的课程体系。在这种科学的课程体系指导下对学生进行个性化培养，并且实行跳级和降级的管理，成绩优秀的学生可以在第二个学期跳到高一级进行英语学习，没有达到绩点就要求学生降到低一个级别的英语教学班，重新学习该课程，这样一来，既确保了不同级别不同层次的学生在英语应用方面能够得到适合自己的充分的训练和提升，又能激发学生学习的兴趣和斗志，实现由单一语言文化教学目标向语言文化、学科知识与技能并重的多元教学目标的转化。

(三) 构建了网络环境下英语学习的基础平台

在网络环境下的英语教学改革中，构建合理的英语网络教学平台是保障英语教学效果的重要手段。利用英语网络课程教学平台进行教学，可以改变英语的教学模式，在课堂中和课堂外用不同的方式呈现出来。例如，英语教师在课堂教学中利用多媒体技术打开制作好的网络课程，将编辑好的文字、图像、音频、视频进行演示并讲解，在课后对学生网上学习和测试进行批改和点评。同时，英语网络教学平台还可以对学生进行语言训练，甚至对学生同时进行网络测试。英语网络教学平台还开发了教师网上答疑等系统，学生和教师可以在课堂之外对英语学习方面的问题进行交流互动，有利于师生关系的和谐发展，使师生的交互教学活动更加丰富有效。

在问卷调查的过程中笔者发现，已经实施教学改革的学校，为有效推行网络环境下的英语教学改革都建成了语音室、多媒体教室等英语实践教学场所，这些场所的每一台电脑都和校园网连接。有的学校高瞻远瞩，甚至建成了同声传译训练室和英语网络教学平台。针对教材资源不足的现状，有的学校还研发了英语自主学习软件，或者已经或正在建立英语精品课程网站，扩大了教学的互动空间。这些学校以精品课程网站与英语在线资源库为基础，充分利用校园网的优势，构建了英语网络化教学的基础平台，为英语教师的教学和学生的英语学习提供了良好的资源，也为师生的交流提供了可靠的保障。

（四）构建了网络环境下学生自主学习的多元监控模式

一些进行了英语教学改革的学校已经构建了合理有效的自主学习多元监控模式。学校中的教务管理部门和从事英语教学的教师通过学习 Holec、Gardner 等语言教学专家关于自主学习的理论，提出了由“教务管理部门、教学督导、任课教师、学生和网络监管员”共同参与的“五位一体”多元监控体系，对网络环境下的英语自主学习实施内外监控，通过提供必要的数据和信息进行相应的预警和干预，使教师和管理者更加准确地了解学生学习的进度和表现，同时也使学生更加清晰完整地了解自己以及设定的学习目标和使用的学习方法等，实现对学习过程和学习效果的双重监控和调节，提高了学生自主学习的能力，保证了英语自主学习的质量，提升了学生的英语综合素质。

英语课程学习内外共管的多层次监控使无论是教师还是学生，都受益匪浅，不仅改变了教师的教学理念和教学模式，而且改善了学生的学习方法，纠正了不良的英语学习习惯，培养了自主学习能力和团队协作能力。

(五) 创新了英语教学评估体系

多年来，英语的评估体系基本是以考试为唯一手段，尤其是以笔试为主要手段。这种评估是在一个学习阶段结束时对学生的学习效果所做出的终结性评价。终结性评价一般以学生的考试成绩为依据，比如说单元测验、期中考试、期末考试，全国四、六级考试等，尽管它也能反映学生某一阶段对英语知识掌握的程度，但是它所传递的信息是比较片面的、静态的，无法真实、全面地反映学生对英语知识的应用能力。这种测试只对学生已有的成绩做出判断，简单地对不同学生的成绩进行比较，而不是针对每个学生的个性、水平、兴趣和取得的进步来进行评估，缺乏科学性和整体性。在这种终结性评价的过程中，评价的主体是教师，学生只是被动接受教师的评价，缺乏对自己学习过程的了解和反思，其结果只能是导致教师为考而教，学生为考而学，极大地阻碍了学生的自主学习能力的提高。

网络环境下的英语教学评估体系遵循的是“以学生为中心”的教育思想和理念，从以往只重视分数的终结性评价逐渐转变为重视过程的形成性评价。这种新型的评估体系并不是完全抛弃终结性评价，而是把终结性评价和形成性评价有机结合起来进行教学。形成性评价方式具有指导性、个性化、多样性、综合性和连续性等特点，能够全方位多角度地对学生英语学习现状和水平进行科学的测试和评价，学生通过学习效果的及时反馈，看到自己学习的进展，发现自己的进步，产生学习的动力，更加重视评价的过程而不是结果，在过程中不断完善自己的英语学习。目前，已经有很多实施了教改的学校采用了“过程性评价与终结性评价相结合”的考核方式。这种教学评估体系改变了传统的“一张试卷评定结果，一个分数定成绩”的局面，不但在学期末对学生进行考查，还在整个学习过程中通过教学平台中的测试和英语学习成果考核系统，对学生学习情况进行观察、监督和评估，促进学生更好地进行自主学习和互助学习，然后根据考核体系平台以及英语教师的记录，将每名学生每学期进行课外自主学习的时间、进度、绩效纳入期末总评考核体系中，按比例重新折算得出科学合理的最终考核成绩。

英语教学评价模式的改革是大势所趋，不仅顺应了时代的需要，而且能够正确客观地评价学生英语学习的综合能力，促进学生努力提高自己英语综合运用的能力，自主投入学习中去，提高了英语的教学质量。

二、网络环境下英语教学存在的问题

尽管网络环境下英语教学改革取得了显著的成绩，但是在实际运用中仍然存在许多问题，具体表现为以下几个方面：

（一）网络学习平台的功能作用得不到有效保障

部分学校在应用英语教学网络技术时，没有结合学校的实际教学现状，而是采用“拿来主义”，到兄弟学校考察和调研后，直接照搬其公共英语教学模式。有的学校确实建设了多媒体教室和网络中心，购买了大量的教学软件，增加了在线学习资源，但是因为缺乏对现有教学资源的整合和维护，缺乏对网络环境下学生学习英语的引导和管理，导致网络学习平台管理放任无序，有的资源闲置、无人问津，多媒体教室和网络实验室的电脑没有被充分地利用，甚至变成了学生聊天和游戏的工具。此外，部分学校的英语教学在应用网络教学的过程中，有效的教育资源相对较少，很多教育教学资源不适合本校使用或者已经过时，网络教学软件或系统的开发也跟不上教学硬件建设，满足不了教学的需要。尽管很多学校投入了大量资金进行网络教学的硬件建设，但因为缺乏很好的维护，致使部分英语网络学习平台形同虚设，功能作用得不到充分的发挥，严重影响了英语的教学效果。

（二）交互式教学效果不明显

目前，国内大多数学校的英语教学仍然采用传统教学方法，即教师课堂授课，学生听课的方式。由于学校扩招，学生人数逐年增多，师资缺乏，教室紧张，很多学校的英语无法进行小班授课，一般采取大班教学，每个班少则七八十名学生，多则一百多名学生，很难在课堂上展开听力和口语训练。即使进行训练，由于上课时间的限制，也只能在个别学生间进行训练，绝大多数学生得不到听、说训练的机会，更谈不上和教师的交流及互动了。在课堂教学中，有的英语教师沿用的还是板书授课的方式，有的教师使用多媒体授课。使用多媒体教学的教师必须边操作电脑边讲解教材内容，这样教师被固定在讲台上，只能与学生进行简短的提问式互动，很难照顾到全体学生。另外，学校基本采用学分制管理，选修英语课程的学生来自不同班级不同专业，彼此不熟悉，相互之间交流较少，很难形成真正意义上的交互式教学，严重影响了英语的教学效果。

(三) 学生的成绩评定标准与测试手段亟待完善

现代教育评估理论完成了从重结果到重过程的重大改变。教学评估不再片面注重评价学生对事实与原理的掌握。体现在外语教学评估上，就是强调对学生外语学习能力的评价。评估主要采用总结性评价和形成性评价相结合的方式。这样，对学生学习过程和学习成果的评价达到了和谐统一。教学评估是英语课程教学的一个重要环节，全面、客观、科学、准确的评估体系对于实现教学目标至关重要。教学评估既是教师获取教学反馈信息、改进教学管理、保证教学质量的重要依据，又是学生调整学习策略、改进学习方法、提高学习效率和取得良好学习效果的有效手段。在前一章笔者已经提到，很多参加英语教学改革的学校采用的新型的评估手段是终结性评价和形成性评价相结合的评价手段。这种新的评估模式能够更全面地反映学生的真实水平，实现他们的个性化学习。

但是，在把终结性评价与形成性评价相结合的过程中，如何进行操作，主观题和客观题的比例如何分配，课内教学评估和课后自学评估怎样结合，这些仍然还在进一步的探索中。其中存在的问题主要有以下几个方面：

首先，在终结性评价过程中，客观试题比重过大。自从英语实施标准化考试以来，客观试题一直在英语期末考试中占有很大的比重。它不仅仅被用在学生成绩的评定中，也被用在英语教师教学能力和质量的学期或学年考核中，甚至和职称评定挂钩。这种“一考定业绩”的评估方法，无疑对英语教学产生了负面影响。众所周知，目前的英语考试采用的客观试题所占比重偏大，通常比例占整个试卷的60%左右。客观试题所占比重过大会使英语教学不知不觉偏向于应试教育，教师和学生只重视在ABCD中选择正确答案。这严重影响了学校英语教学改革的进一步深化，更阻碍了学生英语交际能力的发展。此外，学生是这种考试的直接受害者。客观试题比重过大使他们整天忙于题海战术，死记硬背，思维方式固化，严重损害了学生们学习英语的主动性和创造性，不利于培养学生英语学习的综合素质。

其次，在形成性评价过程中，平时成绩的评定不规范，没有制定出科学的评定标准。语言测试有多少个目的，就会有多少种测试类别。当前学生英语的平时成绩的评定主要是课堂出勤表现情况和一些测试分量小、时间短的测验。比如单词听写，翻译句子，作文，课后作业等。如果这种测验能规范、公平、正确地实施，肯定有助于学生明确学习重点和难点，帮助其快速掌握课堂教学内容，帮助教师了解教学效果。但是，在部分学校中，教师对学生课堂表现的评价主观随意性较大，很难保证这些评价的真实性、可靠性和公平性。因此，如何建立学生自主学习的监测体系以及考评体系是一个需要研究的课题，对教师的工作量的界定也存在一定难度。

最后，听力、口语测试的方式和尺度不好把握。如何提高学生的听力和口语水平是英语教学模式改革的重点。如何科学地衡量学生的听力和口语水平也是英语教育工作者要积极思考和解决的问题。在调查中发现，一些学校在英语教学过程中，专门开设有听力课程，但在学期末进行测试时，却把听力和阅读、完形填空等客观题的测试放在了一起。很少有学校对英语进行口语测试。而且，在听力、口语的实际教学过程中，由于学生人数和场地的限制，很难进行小班教学甚至一对一、一对多教学。如果对这么多的学生进行听力、口语的测试，既费时又费力，不好操作。

（四）部分英语教师不适应网络环境下的英语教学

网络环境下的英语教学强调的是以教师为主导，学生为主体的教学模式。教师和学生是实现英语教育目标的双重保证，任何一方出现问题，都不可能让英语教学顺利地进行。通过近几年的教学实践，英语教学取得了一定的成效。但在英语网络化教学改革过程中，也出现了许多问题，存在一定困难，而这些困难将直接影响到英语教学改革的全局。其中之一就是部分教师不适应网络环境下的英语教学。传统英语教学在部分教师的意识形态中根深蒂固，部分教师很难在短时间内完全改变他们固有的教学模式，在课堂教学中仍然处于主体地位，以满堂灌为主。他们忽视了网络环境对英语教学的重要影响，甚至因为要耗时耗力去接受和学习这种新型的教学模式而产生抵触情绪。部分教师网络技术知识缺乏，不敢改革创新，担心网络环境下新型教学模式对现有的教学模式形成冲击，影响自己教学任务的完成，进而影响个人的教学效果和年终考核，甚至职称评定等。另外，部分学校在英语改革过程中，没有全面系统地对英语教师进行相关技术的培训和考核，造成部分英语教师在思想上和技能上远远跟不上网络环境下英语教学改革的发展步伐，不能胜任网络环境下英语教学的任务。

第三节　基于网络环境的英语教学与管理水平的提升策略

如今，信息全球化进程不断加快，培养大批具有较强英语应用能力特别是听说能力适应国际交流需求的各类人才，是摆在我国教育面前的一项重要任务。为此，教育部把英语教学改革作为学校教学质量与教学改革工程的一个重要组成部分。改革的首要任务就是充分利用先进的信息技术，在继承传统课堂教学特点的基础上，突破以往英语学习“教师讲学生听”的模式，改革英语教学模式，不断探索和钻研，充分发挥现代网络技术在英语教学中的优势，提高学生学习英语的积极性，给他们搭建一个能够自主学习、个性化学习和协作学习的平台，使英语学习成为校园文化建设的一个重要组成部分。通过英语学习，培养学生的自主学习能力和学习习惯，提高学生英语综合文化素养。

一、把“以学生为本”作为网络教育环境下英语教学的核心理念

在任何一门课程体系的学习当中，“以学生为本”始终是教学的核心，英语教学也不例外。英语教学的根本目的是培养学生的英语语言技能——听、说、读、写、译综合能力。要实现这一目标，就必须彻底改变传统的教学模式，变“以教师为主体”为“以学生为中心”。只有以学生为主体，才能从科学的角度，从长远的发展目标培养学生的语言能力。长期以来，传统的英语教学沿用的是以教师为中心的教学模式，教师是课堂教学的主角：教师讲，学生做笔记；教师示范，学生模仿；教师提问，学生回答；教师做出规定，学生一一遵守。这种“满堂灌”的教学方式使学生成为语言知识的消极接受者，扼杀了学生学习的积极性和创造性，学生往往只具备语言知识，而不具备语言运用能力，学到的是“哑巴英语”，违背了学习外语的宗旨，即

培养语言的交际能力。虽然我国英语教学的费时低效，哑巴英语的现状有所改善，但是在互联网进入了千家万户的今天，英语的教学仍然局限于“一本教材，一支粉笔，一张嘴”的课堂教学方式和学生以背诵记忆为主的语言学习方式。网络环境下的英语教学采用的授课模式是“课堂授课＋课后学生网络自主学习”的模式，教师的主导作用和学生的独立学习能力是关键。这种模式更能体现“以学生为本”的教育理念，学生有更多的自主选择机会，在自主学习与自我监督的过程中，点滴进步都会给他们带来自信，帮助他们继续学习钻研，不断提升英语水平。

二、创新英语教学模式

英语多媒体网络教学模式的理论基础是建构主义，是认知理论的一个分支，最早由瑞士心理学家皮亚杰于20世纪60年代提出，强调学习时学生和学习环境互动的过程，学生是信息加工的主体，不是被动接受者和被灌输的对象，教师是意义建构的帮助者、促进者、知识的导航者。教学模式的建构涉及语言学、心理学、认知学、教育传播学、多媒体计算机科学等诸多方面，具有显著的多样性和层次性。

网络环境下英语的教学模式改革的主要目的是为学生提供弹性的学习环境，使学生的英语学习朝着个性化学习和自主学习的方向发展。在这种教学模式下，要认真贯彻“分级教学、分类指导、因材施教”的原则。从实际出发，实事求是，尊重个性化差异是对“以学生为中心”原则的最好诠释，也是尊重学生主体地位的最好体现。

笔者通过对传统英语教学模式进行客观详尽的分析，同教师、专家、学生进行访谈，并基于皮亚杰的建构主义学习理论和美国心理学家加德纳的多元智能理论，对学生与学习的过程进行了较为深入的研究，提出“传统课堂教学＋网络自主学习＋小班个性化辅导英语＋第二课堂”的“四位一体”全新英语教学模式，主张以分级、分课型和网上择师的模式在学校推行。英语读、写、译和听、说课程试行大小班结合的形式授课，依据不同的教学目标和要求并根据新生入学水平测试成绩或者高考英语成绩实施分级分层教学。学生根据所属级别和不同课型选择授课教师，来满足个性化学习需求，同时，将第二课堂活动也纳入这种新型的教学模式范畴内，比如开设英语调频台、创办英语角，成立英语演讲队、口译队、辩论队等，组织学生参加省市级、国家级的各类英语竞赛，组织学生走出校门开展和英语学习有关的活动，开展旅游景点英语标识的纠错活动，或者英语进社区活动，等等。丰富多彩的第二课堂活动提供给学生更广阔的学习和实践空间，使他们更快地融入社会，提升英语的实际运用能力。教师可以通过学生参加英语第二课堂活动的表现给学生一定比例的评价，在学期末纳入总的测评成绩中。

目前，实行了英语网络教学改革的学校大多采用的是网络自主学习与教师课堂指导相结合的“2+2”的网络教学模式，即每周4学时的英语教学，2学时由学生通过英语网络学习平台进行自主学习，2学时由教师进行课堂教学。课堂主要进行会话、写和译的训练，检查学生自主学习的情况，组织课堂讨论并解难答疑。

但是，在实施这种教学模式的过程中，尽管取得了一定的成绩，效果却并不尽如人意。每周4学时的教学任务，有2学时学生进行自主学习，教师每周面授的英语课只有2学时，只能勉强完成对自主学习的检查和难点讲解，根本没有时间带领学生对教材进行深入研究。

在调查中笔者发现，由于多数学生来自农村，一些人还不能熟练地操作电脑，对网络并不太熟悉，部分学生的计算机操作技能几乎为零。针对这种情况，笔者以英语为例，提出“网络教学三部曲”的模式。

第一步：在大学一年级的英语教学中，采取“4+2”的自主学习模式，即每周4学时课堂教学，2学时网络自主学习。这一阶段学生成绩的评价主要依据每周4课时的课堂教学，网络自主学习成绩占总成绩的10%—20%。

第二步：这一阶段针对的是大二学生，采用部分参加了英语教改的学校已经采用的“2+2”的教学模式。在这个阶段，通过大学一年级一个学年的指导与训练，学生基本掌握了网络自学的学习方法，网络多媒体的操作也日趋熟练，因此，课堂教学时间以检查学生自学情况和讲解难点重点为主，可以从4学时压缩到2学时。学生学习成绩的评估标准也有所改变，网络自主学习的评估占到了总成绩的30%，余下的70%分为传统的笔试和口语听力测试。

第三步：这一阶段针对的是大三和大四的学生，为优化提高阶段。学生可以自愿报名参加，每周安排2学时的网络自主学习，课程为英语提高阶段的选修课，学生可以根据自己的兴趣爱好和未来发展来参加某个课程的选修，学校教务部门或外国语学院安排专门的教师在学校网络学习平台的答疑中心和交流中心对学生进行辅导。选修课程有学分，计入学生四年大学获得的总的学分中。成绩评估方式也相应灵活些，可以采取“考试 + 学期小论文”的形式来对学生自主学习的情况进行考查。

三、加强教师和学生的信息素养

(一) 加强教师的信息素养

教师信息素养的提高首先取决于教师教学理念的改变。网络时代课堂教学模式的改革，关键在于教师。对于多媒体和网络环境下的英语而言，教学模式的改变不仅仅是教学方法或教学手段的改变，也是教学理念的转变。在很多学校，英语多年来一直沿袭的是传统的教学方法，即教师讲学生听的教学模式，很多学校的英语教师年龄、职称结构不够合理，不少教师多年来习惯了一支粉笔一本书，特别是一些有课堂教学经验的老教师，对利用网络技术教育手段教学的积极性不高，传统的教学模式在部分教师的认识中仍然根深蒂固，甚至对新模式产生畏惧心理，担心冲击了自己已经驾轻就熟的教学模式。

信息时代的到来对社会各个领域都产生了强烈的冲击，高等教育领域也不例外。学校教师要改变教学理念，要顺应时代的潮流，不能用一成不变的教学方法来应对世界日新月异的变化，不能与社会脱节。在教学理念上要以学生为中心来组织课内和课外的教学活动，认识到教学是为学生服务的，培养学生自主学习能力和英语综合运用能力是至关重要的，关系到个人和社会的发展。目前，虽然有些学校的英语教学实行了改革，但是出现了不少“穿新鞋走老路”的现象，教师的教育理念没有彻底地改变，势必会影响到教学效果和学生学习的积极性。因此，英语教师要根据网络教学的需要，与时俱进，树立起开放教学观、学生主体观、教师主导观、终身教育观，把课堂教学和网络教学有机结合起来，提高教学效果和学生的英语素质。

网络环境下的英语教学对教师提出了更高的要求。各个试点学校普遍比较重视英语教师信息技术知识和技能的培训。但是，绝大多数没有进行教改的学校还没有对这一点重视起来。从古至今，教师在课堂中沿袭的都是一张嘴，一支笔，一本书的教学模式，语言表达流畅准确是对教师基本的要求。但是，随着社会和科技的进步，英语网络化教学在逐步取代传统的英语教学模式，面对许多抽象的东西，面对信息时代对学生综合素质的要求，语言的表达尽管很重要，但是课堂上教师单一的讲解也表现出了极大的局限性。

计算机网络时代的到来给英语教学注入了活力，为英语教师们提供了更为丰富强大的教学手段。方便快捷的网络，多种多样的信息，简单灵活的传输手段，这些都有助于教师把信息进行合理的加工处理之后传递给学生，把学生带入生动直观的情境。

但是遗憾的是，目前很多学校的英语教师还不具备灵活应用现代计算机网络技术的能力。有些教材在征订的时候就配有配套的电子课件，便于教师课堂上使用。于是，很多教师上课就用现成的课件或是机械地照搬网页里的材料，甚至对课件不进行任何修改就拿来上课。教育应该遵循“因材施教，因地制宜”的原则。我们不能用一成不变的课件内容来应对不同水平不同层次的学生群体。在对某学校英语教学现状进行调查走访的过程中，笔者发现一层楼内几位同时上英语的教师使用的电子课件出自同一家出版社，并且无一例外的没有进行任何的改动。事实上，课件上的一些内容可能在教师授课中并不适合自己的学生，而且，一个课件的制作或发行需要较长的一段时间，当大学教师拿到课件的时候，或许课件中的材料已经过时了，不能引起学生的兴趣。因此，教师要学会熟练操作电脑，同时，要能够熟练地使用PPT制作英语的教学课件，而且在实际教学中能够自如地操作演示。教师在课下要学会有效地利用网络资源为课堂授课做准备，备课要详尽充分，要利用网络资源将最新的材料和信息补充到课件中，也可以应用英语软件制作或修改课件。

学校应该加强对教师运用现代教育技术能力的培训，鼓励他们与时俱进，锐意进取，不断创新，善于把前沿的科技成果引入教学内容中，并且引导他们熟练掌握计算机运用技术，掌握制作课件和修改课件的方法，派专业技术人员指导他们，甚至学会开发英语教学软件。提倡英语教师制作录音、录像、课件、参加微课教学比赛等，并给予一定的奖励。

英语教学从某种意义上来说是团队教学。教师信息素养的提高也要依赖整个教师队伍在现代信息技术运用上的团结协作。尽管我们说英语教师要积极学习课件制作等计算机运用技术，但是，在多媒体环境下的英语教学，并不是要求英语教师掌握计算机运用的各个方面，既没必要也不现实。如果英语教师既要课堂授课，又要进行网络教学的答疑和辅导，然后还得制作课件，处理图片，制作动画等，对于教师来说太过于耗费时间和精力。但是，当前的网络环境又对教师利用计算机技术进行授课提出了更高的要求。如何解决这个矛盾呢？在这种情况下，各有所长的教师们可以组成一个团队，相互之间沟通协作，共同开发教学软件，制作或修改英语教学软件，团队成员各司其职，由教学经验丰富的教师确定教学方案，制订授课计划，由善于表达、认真钻研的教师授课，由精通计算机网络技术的教师负责课件的制作和教学软件的开发，由善于交际，能熟练操作网络平台的教师负责网络教学答疑和测试。现代社会众所周知的真理之一就是合作才能共赢，所以，在英语的教学过程中，教师之间的互助合作也是提高教学效果的一个重要保障。

(二) 改变学生传统的英语学习理念

实现网络环境下英语的自主学习，也对学生提出了更高的要求。实施了教改之后，不但是部分教师不适应，而且很多学生也不适应这种崭新的教学模式，自主能力较差，不知道在网络环境中如何进行自主学习，在学习习惯和自我控制方面还不能适应网络环境下英语的要求。尤其是大一新生，他们习惯了“灌输式”的教学方式，习惯了按照教师的要求记笔记、完成作业，并且将考分作为自己学习成绩好坏的唯一标准。在网络环境下的英语学习过程中，他们需要及时调整学习模式，摆脱对教师的依赖，从观念上成长起来，学会自主学习，为自己的学习负责，检测自己的学习。因此，转变学生的学习理念在英语的教学过程中同转变教师的教学理念同等重要，要让学生认识到课堂学习和网络自主学习是信息时代英语学习的必然趋势，是提高他们英语综合运用能力和综合素质的有效途径。

四、探索建立网络环境下学生自主学习的多元监控模式

学生在学习英语课程的过程中，有很多任务要通过网络自主学习来完

成，但是如何保证学生的自主学习有成效？教师和教务部门如何才能了解学生的自学情况？这就需要构建一个合理有效的多元监控模式，实行外部控制和内部控制共同管理，利用多元监控模式实现内外监督，既要给学生充分的学习和思考的自由，同时又要考虑到学生的年龄特征进行适当正确的监管，这样，才能提高学生自主学习的效率，促进英语教学的发展。整个多元监控模式不是由单一的部门独立完成的，是一个有机的整体，应该由教务部门、教学督导组、英语教师、网络管理员和学生等几个组织或群体共同参与，并且职责分明。

(一) 学生自主学习的教师监控

教师的教学应该有效地促进学生的自主学习，保证自主学习的有效性和可行性，积极探讨和采用有效的教学模式。在网络教学的环境下，教师应该借助现代教育技术，利用丰富的互联网资源指导学生，向学生提供与教学内容密切相关的材料，设计问题，鼓励学生自我学习，建立网络环境下的英语教学模式。教师要对学生的表现给出科学的评估，要因人而异，体现个性化。同时，英语教师应该指导和帮助学生实行有效的自我监控，同时了解学生的学习进度、学习中遇到的困难，通过电子邮箱、QQ 聊天、BBS 等方式和学生交流，答疑解惑，帮助学生及时解决英语学习中出现的问题。

(二) 学生自主学习的自我监控

学生在教师指导下学习任务，设定目标，制订英语学习计划。制订计划的时候要注意一定要制订适合自己的计划，要有应变能力，遇到问题不断进行调整，在这种自我监控的过程中体验进步，提高信心。学生可以根据教师在网上进行的测试，布置的作业以及和学生们之间的交流情况，对自己的自主学习情况和目前取得的成绩做出准确的判断，为下一个计划和目标的制订做好准备。

(三) 英语自主学习的学生互控

学生互控包括面对面互控和合作学习两种情况。教师定时在网上举办一些学生感兴趣的英语活动，给学生提供充分交流和学习的机会，然后教师把活动的结果量化，计算到期末考核的环节中。学生可以通过网络搭建的英语自主学习平台，将自己的学习材料，学习计划，学习心得在网络平台的交流中心进行交流和资源共享，和其他同学相互了解，相互监督，共同进步。

五、建立科学的英语教学评估体系

近年来，一些学校，尤其是英语教学改革试点学校对公共英语进行了大量的投入，对网络教学这种新的英语教学模式进行了大胆的探索和尝试，并且取得了可喜的成果。但各类研究和试验多注重计算机多媒体及网络技术应用于英语教学的模式设计与成效问题，涉及网络教学评估问题的研究还很有限。如何在网络环境下对学生英语学习进行有效的评估，保证学生课内课外的学习效果，越来越成为外语教育界探讨和研究的热点之一。

教学评估是英语课程教学的一个重要环节。全面、科学、客观、准确的评估体系对于课程目标的确立和实现至关重要。它既是教师获取教学反馈信息、改进教学管理、保证教学质量的重要依据，又是学生调整学习策略、改进学习方法、提高学习效率的有效手段。随着英语教学改革的深入，注重学习过程和知识运用能力培养的形成性评估在英语教学中受到了越来越多的关注。目前，大多数学校的英语教学采用的还是传统的评估体系，即在一个学习阶段末对学生学习结果进行终结性评价。这种评估方式以学生的考试成绩为依据，评估方式为单一的测试手段，无法真实、全面地反映学生的知识掌握程度、应用能力等真实水平。

英语网络教学的性质要求其向个性化学习和自主学习方向发展。我们不能完全抛弃传统的英语教学模式，因为这种模式也有它的可取之处。所以说，网络环境下的英语教学应该采用终结性评价与形成性评价相结合的评估形式。在网络教学环境下的英语教学模式中，学生的自主学习是提高他们英语综合运用能力重要的环节。在网络教学的环境下，终结性评估由于自身缺陷的限制，无法实现对网络教学过程实施全面监控和有效的评估，因此，只采取终结性评价已远远不能适应现代教育的发展和需求。相比较而言，重视过程的形成性评价更能适应时代的需要。网络环境下的英语教学形成性评价方式具有指导性、个性化和连续性等特点，评估手段呈现出多样性、连续性和综合性等特点。学生在接受课堂教学之后，自主进行网络学习，在教师的指导和同学的帮助下，通过师评、自评、互评等方式，填写调查问卷、学习记录，完成网络平台提供的测试等，能够直观地了解自己的学习和进步情况，及时调整学习策略，更好地进行自主学习。这种评估方式使学生从被动接受评价转变成为评价的主体和积极参与者，大大激发了他们的学习积极性。

但是，仅靠形成性评价来提高学生的英语水平还不够，我们还需要系统地研究整个公共英语教学体系的各个组成部分，综合考虑网络技术、教学效果评价的实施等影响因素，将终结性评价与形成性评价有机结合起来，创新教学模式，把课堂教学和课外自主学习结合起来，并采用不同的方法和比例进行评估，不断优化整合教学资源，完善网络环境下的英语教学评价体系，更好地完善网络环境下的英语教学。评估体系的完善还需要学校其他部门的配合，需要教务部门制定相关的规章制度，需要计算机专业技术人员开发电子评估系统，需要网络管理员对校园网络进行精心维护，需要教学督导组对教师的课堂教学和学生的自主学习进行指导和监督。

六、加大资金投入，完善专业管理人员的配备

网络实验室或多媒体教室中电脑数量多，使用频率高，时间长，内容繁杂，很多学校因为专业技术人员人数较少，无法保证对电脑进行定期的维护和保养，因而经常受到病毒的攻击，这给网络设备的维护、教师与学生的正常使用造成了一定的困难。此外，由于许多学生对网络设备的使用和维护不当，也会造成很多问题，比如，网速慢，教学过程当中系统突然出现问题，或者学生在使用电脑进行自主学习时电脑突然死机，等等。有时问题不能立刻解决就会影响正常教学的进行。因此，加强网络设备的维护与更新，是提高网络环境下英语教学质量的基础保障。有关管理部门应该采取措施，加强网络维护，提高安全意识，严防病毒进网。教室内的计算机无论是教师用机还是学生用机必须使用正版软件，不允许在计算机上使用外来软盘或光盘。英语教师要自觉学习网络知识，经常备份和更新服务器常用软件系统。此外，每学期开学之前网络管理员要逐个教室逐台电脑地检查和更新，以确保新学期正常投入使用。由于工作量较大，学校管理部门可以要求精通计算机操作技术的教师来协助完成工作，将他们维护更新电脑的工作量计入本学期的教学工作量中。

自网络管理员被国家认定为一个职业以来，几乎所有的学校都配备了自己的网络管理员。但是绝大部分学校的网络管理员都是计算机教师兼职，他们有自己的教学任务，还要承担网络设备的维护与更新，难免有些力不从心。随着英语教学改革理念的深入，越来越多的学校开始尝试网络环境下的英语教学，这样就需要越来越多的网络专业管理人员来辅助英语教学。专业的网络管理员的职能是：①网络基础设施管理；②网络操作系统管理；③网络应用系统管理；④网络用户管理；⑤网络安全保密管理；⑥信息存储备份管理；⑦网络机房管理。网络专业管理人员熟悉各种网络软件的应用，对简单的网络故障有判断和维修的能力。在维护网络运行的过程中，他们会熟练地进行网络操作系统的配置，在英语网络平台上熟练地进行操作和管理，发现问题及时处理。同时，网络管理人员应具备较高的思想操守，遵守国家有关法律法规和行业规章制度，不能利用工作之便在网络上散布和传播谣言，损害国家和个人利益。

七、丰富网络教学资源库

很多学校的英语网络学习平台都在建设之中，对网站的内容及功能不断进行升级与更新，为学生创造了更好的个性化的自主学习环境，也为教师提供了适合新的教学模式的交互式教学管理平台。

英语网络化教学资源库的建设与推广应用为广大教师提供了一个良好的教学环境，也为学生提供了一个较好的自学平台，可以高效率和高质量地培养学生的英语综合应用技能，提高学生的英语水平和人文素质，同时也加强了校园网的利用和建设。

在英语教学资源建设中，很多学校都整体购进了商品化的英语教学资源库。这从一定程度上解决了教学资源短缺的问题。但总体来说，有些资源水平不高，没有参考价值，浪费了资金，成为垃圾资源。英语网络学习的有效资源仍然处于匮乏状态，必须加以开发和补充。部分英语资源库的开发仅仅只是教案、课件、试题等素材的简单堆积，而没有考虑英语学科知识的特点与英语学科教学的具体需要。有些提供商品化资源库的厂商对英语教学需求了解和分析不足，特别是没有下功夫深入研究当今英语课程改革，导致资源库内容的更新周期长，新资源无法及时补充。有些英语资源库管理缺乏，对网络环境下英语教学互动功能的研发，只有简单的浏览、查询或增减功能。此外，由于英语网络资源库的建设没有统一的标准，无法形成互联，优秀的英语教学资源难以共享，严重影响了现代化英语教学的整体效果，也成为当前教育信息化深层次推进和发展亟待解决的难题之一。

综上所述，由于各学校的学科设置不同，教学重点不同，培养目标不同，因此，通用的英语教学资源库显然无法满足各个学校的需求。在这种情况下，开发并建设具有本校特色的英语教学资源是摆在学校面前的一个重要任务。学校不应该只是单纯地购买现成的资源库，而是应该鼓励教师和学生积极探索，献计献策，他们不仅是纯粹的资源使用者，更应该是积极的资源参与者和建设者。

英语网络资源库的建设，必须着眼于为英语教学服务，满足教学需要，按照实用、方便、共建、共享的原则进行设计。

一般来说，英语教学资源库可以分为以下五个模块：

(1) 课程简介：包括英语课程的课程介绍、教学大纲、教学进度表、教学目标、学习方法、评价手段等内容。目的是帮助学生了解该门课程，掌握学习方法，更好地发挥学生的主体作用，促使他们承担起监管自己学习的责任。

(2) 电子教案、多媒体课件：根据课本编制的电子教案和 PPT 课件为教师备课和学生的预习、复习以及自主学习提供了必要的帮助。

(3) 习题和作业：帮助学生进行自我检测，教师也可以进入该平台了解学生习题完成情况，甚至可以在网络平台上进行批改和点评，帮助学生对自己的学习效果进行有效的评估。

(4) 影音资料：包括与课程相关的影音资料，如名人演说、影视作品、音乐欣赏、异域风俗文化等，通过观看这些资料，学生能更直观地了解英语国家的文化和风俗，提高自己的跨文化交际能力。

(5) 网络链接：英语网络资源库可以链接网上相关课程的精品课程网站，帮助学生发现更多更全面的学习资料，拓宽他们的视野。

英语教学资源库按内容可细分为听力资源库、口语资源库、阅读资源库、写作资源库、翻译资源库、词汇资源库、语法资源库、文化资源库、趣味英语库、试题和试卷库等十大模块。

总之，建立完善科学的英语网络教学资源库有助于教师提高教学水平，加强与学生的互动，有助于学生通过各种渠道进行自主学习，培养英语综合素质。

结束语

要想取得理想的教育成效，必须对教育教学活动的内容和流程进行合理的设计。也就是说，教学活动的开展直接影响着最终教学目标的达成效果。教学设计有助于教育工作者通过教学实践来获得良好的教学成效，是提高教学效率、快速达成教学目标的先决条件。笔者认为，英语教学设计与管理策略如下：

（一）学情分析中的课堂管理策略

学情分析指的是针对学生学习基本情况的了解、调查与分析，包含学生的性格、方法、兴趣以及学习结果等内容。学情分析结果是教师调整和优化教学设计的主要依据，涵盖学生学习的各个方面。学情分析可以充分发挥备课对教学的作用，进而让学生获得良好的学习效果。

教师应基于教学管理内容和目标来完成教学设计任务。其一，合理安排学生的座位，方便自己对学生的观察和监督；其二，通过丰富教学活动的内容和形式来激发学生的学习积极性；其三，根据学生的学情分析结果来布置作业，满足不同学生的差异需求。需要明确的一点是，教师应全身心投入教学设计和教学实践中，只有这样才能有效提升整个班级的课堂教学效果。

课堂管理策略：首先，对学生的学情做出详细且深入的分析；其次，基于学生性格、能力等方面的差异来合理安排教学任务，及时应对各种突发性事件，在教学实践中不断调整；最后，查找学生在课堂学习中遇到的问题，分析问题的原因，提出有效的解决方案。在外部因素和内部因素的综合影响下，个性化教学在当前的教学实践中很难实现。不过，教师可尝试通过对学生学情的分析来制定科学合理的教学目标和学习目标，进而有效提升整体的教学效果。

（二）教材分析和教学法设计中的课堂管理策略

对课堂管理效果造成影响的因素有很多，比如教师对教材的分析结果和教学方法的选用。作为教师，应通过情境教学来丰富教学内容，深度挖掘教材的教学价值。在这个过程中，部分学生可能会出现一些负面情绪，或是出现注意力不集中，难以跟上教师的节奏等情况，从而导致最终呈现出来的学习效果大打折扣。教师在参与教学设计的过程中，应适当调整课堂管理策略，如下所示：

一方面，根据实际的课堂管理效果来调整教学难度，让学生更容易理解和接受。作为教师，可尝试对教材中的知识内容进行简化，在必要时增添一些课外的背景知识，方便学生加深记忆。不合理的教材内容设计会显著影响最终呈现出来的教学成果，这点需引起教师的重视。

另一方面，了解各种教学方法影响课堂管理的程度和效果，强调教学方法与学生的适配度。教学方法长期处于动态更新之中，不同的教学方法有着各自的优点和缺点。作为教师，应基于学生的学情分析结果来选择适合学生的教学方法。

（三）教学步骤设计中的课堂管理策略

教学设计需遵循循序渐进的基本原则，突出一定的科学性和合理性。教学设计与课堂管理之间存在密切的关联，教师在设计教学步骤时应综合考虑各种因素。首先，教学步骤的设计需适用于大多数学生，可以有效集中学生在课堂上的注意力；其次，教学步骤的设计应适应学生的身心发展规律，不能超出学生的自我认知，否则可能会导致学生在课堂上分心；再次，课堂步骤的设计应提前进行，给学生预留足够的课堂时间；最后，教学步骤的设计应与知识内化的规律保持高度的统一，进而巩固学生对知识的记忆和掌握。

参考文献

[1] 王晓美 . 英语阅读教学设计新蓝图的绘制探究 [J]. 成才之路，2023（34）：101-104.

[2] 严玮萍 . 英语教学中分层递进教学法的实践研究 [J]. 学周刊，2023（36）：85-87.

[3] 李悠悠，高翔 . 英语结构化单元教学设计的模型建构与实施 [J]. 中小学课堂教学研究，2023（11）：17-23.

[4] 王守军 . 英语教学中分层递进教学法的实践研究 [J]. 学周刊，2023（33）：72-74.

[5] 侯志远 . 英语分层教学的五种方法 [J]. 读写算，2023（29）：32-34.

[6] 许吁 . 英语单元教学中的学习任务设计 [J]. 教育研究与评论（小学教育教学），2023（28）：82-87.

[7] 赵光美 . 基于英语学习活动观的课堂教学活动设计探究 [J]. 校园英语，2023（40）：121-123.

[8] 张轶，祖乐 . 专业英语线上教学交互设计与实施策略研究 [J]. 中国多媒体与网络教学学报（上旬刊），2023（10）：34-37.

[9] 刘海娟 . 基于主题意义的英语单元导入课教学设计探究 [J]. 成才之路，2023（27）：101-104.

[10] 宋蓓 . 精心设计作业，提升英语课堂教学成效 [J]. 山西教育（教学），2023（09）：45-46.

[11] 潘黎萍，陈露 . 英语教师教学设计能力研究：PDC 模型引介与简析 [J]. 教学月刊 · 中学版（外语教学），2023（21）：85-91.

[12] 黄[illegible]霞 . 指向思维品质提升的英语对话教学设计 [J]. 新智慧，2023（21）：72-73.

[13] 吴绍春 . 英语教学中分层教学理念应用方法 [J]. 读写算，2023（18）：137-139.

[14] 罗叶 . 创新发展理念下的英语教育教学管理探究 [J]. 山西青年，2022(07)：184-186.